Barbara Kettl-Römer

# Blaue Glücksorte im Allgäu

Fahr raus & tauch ein

Dieses

# Glücksbuch

ist für

# Liebe Glücksuchende,

wer ans Allgäu denkt, denkt sofort an die grünen Hügel des Voralpenlandes. Aber das Allgäu ist auch blau. Blau wie die Berge und wie das Wasser der Quellen, Bäche, Flüsse und Seen.
Das Wasser zeigt sich manchmal in dramatischer Form, in Schluchten und Tobeln, die es geformt hat. Die Breitachklamm bei Oberstdorf, der Eistobel bei Grünenbach oder der Rickenbach bei Scheidegg verzaubern mit bizarren Formen, rauschenden Wasserfällen und belebender Energie. Dann sind da die vielen Seen, deren Blau Ruhe und Entspannung schenkt. Manchmal mit südlichem Flair wie der Hopfensee, manchmal als Himmelsspiegel wie der Seealpsee, oft als Badesee in reizender Umgebung wie der Niedersonthofener See oder der Obersee bei Kißlegg.
Nur auf den ersten Blick unscheinbar wirken die Moore, deren besondere Flora und Fauna sie zu Glücksorten für alle machen, die aufmerksam hinsehen und sich am Reichtum der Natur erfreuen. Das Werdensteiner Moos bei Immenstadt oder das Wildrosenmoos bei Oberreute beispielsweise entfalten im Wechsel der Jahreszeiten immer neue Schönheit.
Zu 80 ganz verschiedenen „blauen Glücksorten“ im Allgäu nehme ich Sie in diesem Buch mit und wünsche Ihnen viel Freude dabei, sie selbst zu entdecken und das Glück zu finden, das dort auf Sie wartet!

Ihre Barbara Kettl-Römer

# Deine Glücksorte ...

# ... noch mehr Glück für dich

# Himmelsspiegel

## 1 Der Seealpsee bei Oberstdorf

Wer von der Nebelhornbahn-Bergstation Höfatsblick gen Süden wandert, bewegt sich in einer beeindruckend kargen, hochalpinen Landschaft. Das Grün liegt wie ein dünner Flor auf dem Fels, der Blick wandert an steilen Hängen entlang zum Himmel. Umso überraschter heftet er sich an den herzförmigen See, der sichtbar wird, sobald man die nächste Anhöhe, den Zeigersattel, erklommen hat: Er füllt den tiefsten Teil einer Bergmulde und ahmt das Blau des Himmels nach. Wie ein kleiner Spiegel sieht er von oben betrachtet aus. Dabei ist der Seealpsee, der 1622 Meter über dem Meer liegt, weder klein noch flach, sondern der tiefste der Allgäuer Bergseen (über 40 Meter!) und zudem einer der größten. Der Sage nach schläft übrigens ganz unten auf dem Grund des Seealpsees ein Drache, aber den hat schon sehr lange niemand mehr gesehen …

**TIPP**
Für den Weg von der Station Höfatsblick zum Seealpsee und zurück sollte man jeweils 1,5 Stunden einplanen.

Der Abstieg vom Zeigersattel ist kurz, aber steil: Es sind rund 300 Höhenmeter zu überwinden und das letzte Stück ist geröllig und wurzelig. Doch das ist alles vergessen, sobald man das Ufer erreicht: Das Wasser ist klar und kühl, kleine Fische spielen im flachen Nass. Und von hier unten wirkt der See tatsächlich wie ein Spiegel, er gibt die Fichten am gegenüberliegenden Ufer ebenso getreu wieder wie den fast pyramidenförmigen Gipfel des Seeköpfle. Das Bild wird ein wenig unscharf, wenn eine sachte Brise die Wasseroberfläche kräuselt, aber es vergeht nicht. Es ist einfach wohltuend, an diesem Bergsee zu sitzen und die Schönheit und Ruhe der Umgebung auf sich wirken zu lassen.

Wenn man zurück Richtung Zeigersattel wandert, kommt man wie auf dem Hinweg an der Hinteren Seealpe vorbei, die von Mitte Juli bis Ende September geöffnet ist und zu einer Pause einlädt. Von der Terrasse an der Alpe kann man den Ausblick auf den See wunderbar genießen. Gut gestärkt fällt dann der Aufstieg leichter. Ein letzter Blick zurück auf den Himmelsspiegel lohnt sich, bevor der Zeigersattel erreicht ist und der See aus dem Blickfeld verschwindet.

- Seealpsee, 87561 Oberstdorf
- ÖPNV: Nebelhornbahn Bergstation Höfatsblick

# Panorama-Juwel

## 2 Das Alpenfreibad Scheidegg

Nicht ohne Grund bezeichnet der Erholungsort Scheidegg sich als „die Sonnenterrasse überm Bodensee" – tatsächlich gehört die Gemeinde im südwestlichen Zipfel des Westallgäus Jahr für Jahr zu den Orten mit den meisten Sonnenstunden. Auf einem besonders exponierten Teil dieser sonnigen Landschaftsterrasse liegt eines der schönsten Freibäder im Allgäu: das Alpenfreibad, das der Erholungsort als „das Scheidegger Panorama-Juwel" anpreist. Zwar denkt man bei seiner Lage mehr an einen Balkon als an eine Terrasse, denn das Bad liegt am südlichen Ortsrand an einer Hangkante, der Vergleich mit einem Juwel passt aber erstaunlich gut; das ovale Wasserbecken wirkt von oben betrachtet wie ein großer Smaragd in einer liebevoll gepflegten Liegewiesenfassung.

TIPP

Besonders erholsam ist der Besuch im Alpenfreibad nach einer Wanderung im schönen Westallgäu.

Und Panorama hat das Juwel tatsächlich zu bieten: Nach Südosten blickt man auf einen Höhenzug, hinter dem sich der Hochgrat und die übrigen Gipfel der Nagelfluhkette erheben. Beim Schwimmen stellt sich daher ein intensives Infinitypool-mit-Bergblick-Glücksgefühl ein. Das grüne Wasser ist angenehm weich und hautfreundlich, denn hier wird nichts gechlort – das Alpenfreibad ist ein Naturbad, das aus gleich drei Quellen gespeist wird und deswegen zu Saisonbeginn auch ziemlich kühl ist. Für die Kleinsten gibt es zwei runde und beheizbare Becken mit Rutsche. Umwelt- und klimafreundlich ist das Badevergnügen auch, denn das Wasser der Kleinkinderbecken wird ebenso wie das in den Duschen mit Solarenergie beheizt.

Zum erholsamen Badetag gehört ein Eis oder eine kleine Mahlzeit. Beides bekommt man am Kiosk im ersten Stock des Badegebäudes. Der noch bessere Panoramablick von der Kioskterrasse aus ist eine Gratiszugabe, die das Badeglück vollkommen macht. Man kann sich sattessen am Kiosk, aber kaum sattsehen an dieser Aussicht.

- Alpenfreibad Scheidegg, Forst 113, 88175 Scheidegg, Tel. (0 83 81) 14 40
www.scheidegg.de/alpenfreibad
- ÖPNV: Haltestelle Alpenfreibad

# Schlemmen mit Blick

## 3 Im ALATSEE Hotel & Restaurant bei Füssen

Schon die Lage ist ein Traum: Als einziges Gebäude steht das ALATSEE Hotel & Restaurant am Ostufer. Der kleine See liegt auf fast 900 Metern Höhe in einer Senke, die von Bergen umgeben ist. Mehr Idylle geht kaum. Das Wasser ist leicht schwefelhaltig, klar und kühl. Nur manchmal, wenn der Schwefelgehalt und die Lichtintensität in einer bestimmten Kombination zusammentreffen, blühen die Purpurbakterien im Bergsee und färben das Wasser in ein erstaunliches Lilarot. Das Phänomen hält meist nur ein paar Tage an und ist für Menschen nicht gesundheitsschädlich. Es trägt jedoch zum mystischen Nimbus des Alatsees bei, um den sich ohnehin viele Geschichten ranken. So sollen die Nazis im See kurz vor Kriegsende einen Schatz versenkt haben, der trotz eifriger Schatzsucher bisher nicht gefunden werden konnte.

Gar nicht mystisch, sondern kreativ und im besten Sinne professionell geht es im Restaurant am See zu. Die beiden Profiköche Miriam und Janos Kemmler führen das Haus seit einigen Jahren und bringen ausgesprochen köstliche und raffinierte Gerichte auf den Tisch, die frisch aus überwiegend regionalen Zutaten zubereitet werden. Dabei gibt es keine ausgefallenen oder modisch-teuren Speisen, sondern dank guten Rohstoffen und handwerklichem Können wird auch ein einfacher Wurstsalat oder ein gebratener Fisch zum kulinarischen Erlebnis. Apfelstrudel und -küchle sind keine Fertiggerichte aus der Tiefkühltruhe, sondern werden noch von Hand zubereitet – den Unterschied schmeckt man. Der Service ist flink und freundlich, die Terrasse sonnig und die Gaststube sehr gemütlich. Hier werden Gaumen und Gemüt gleichermaßen glücklich.

Wer mag, kann nach oder vor dem Essen im See baden, ihn bei einem kleinen Spaziergang umrunden oder ostwärts durchs Faulenbacher Tal wandern, in dem weitere kleine Seen zu entdecken sind.

TIPP

Zur Einstimmung den Allgäu-Krimi „Seegrund“ mit dem kultig-kauzigen Kommissar Kluftinger lesen.

- ALATSEE Hotel & Restaurant, Am Alatsee 1, 87629 Füssen www.hotel-alatsee.de
- ÖPNV: Haltestelle Geometerweg, ca. 2,5 Kilometer Fußweg

# Wasserzauber

## 4 Die Mathildenruh unterhalb der Mindelburg

Wie ein mit seltsamen Zeichen verziertes Wagenrad steht eine helle Steinscheibe in geheimnisvoll grün schimmerndem Wasser, eine weitere Scheibe liegt beinahe frei schwebend am Ufer. Zwischen beiden plätschert eine bescheidene, aber muntere Fontäne. Der kleine Teich, in den sie sich ergießt, ist mit Steinen eingefasst und von einem grünen Blätterdach geborgen. Ohne Weiteres kann man sich vorstellen, dass eine Fee oder ein anderes zartes, magisches Geschöpf an diesem stillen Gewässer haust. Wer näher tritt, erkennt auf der stehenden Steinscheibe das sanfte Antlitz einer jungen Frau, das von Blattwerk, Zapfen, Bucheckern und Eicheln umgeben ist. „Im Zauberkreis der Natur" besagt der umlaufende Text. Ob das die Fee ist, der das Tümpelchen den Namen Mathildenruh verdankt?

Nein, Mathilde war die jüngste Tochter von Ludwig Schramm, ehemals Besitzer der Mindelburg und erster Ehrenbürger von Mindelheim. Der Münchener Architekt hatte im 19. Jahrhundert die Burganlage erworben und den Palas, das zentrale Wohngebäude, im Stil des Historismus umgebaut. Heute gehört die Burg der Stadt, die darin ein Museum errichten will. Die Mathildenruh aber ist nach wie vor ein Ort der Schönheit und Ruhe, den die Mindelheimer gerne aufsuchen, wenn sie sich eine kleine Auszeit vom Alltag gönnen möchten.

Sie liegt an der Glückstaler-Runde, einer Halbtageswanderung, die durch goldfarbene Taler markiert ist, welche den keltischen Regenbogenschüsselchen nachempfunden sind. Wer vom Startpunkt am Nordende der Schwabenwiese aus den Glückstalern folgt, gelangt also automatisch zur Mathildenruh. Sie wurde 2020 neu gefasst, die Bad Wörishofer Künstlerin Silke Weiß schuf dafür den Mathildenstein aus Travertin. „Mein Ziel ist es, wundervolle und erhebende Orte zu kreieren, an welchen die Menschen durchatmen", schreibt sie auf ihrer Website. An diesem Fleckchen unterhalb der Mindelburg ist ihr das zweifellos gelungen. Wie gut, dass mehrere Bänke Platz zum Verweilen und Durchatmen bieten.

- Mathildenruh, Weiher unterhalb der Mindelburg, Mindelburgweg, 87719 Mindelheim
- ÖPNV: Haltestelle Maristenkolleg, ca. 650 Meter Fußweg

# Floß ahoi!

## 5 Auf dem Floß über den Lechstausee bei Lechbruck

Eine Floßfahrt wie diese gehört zu den beschaulichsten Erlebnissen, die man auf dem Wasser haben kann. Man sitzt wie in einem schwimmenden Biergarten gemütlich auf Bänken an Tischen, große Schirme sorgen für Schutz vor der Sonne und für „dringende Fälle“ gibt es sogar eine Toilettenkabine mit Flusswasserspülung. Gemächlich gleitet das Floß über den lechgrünen See, während der Motor sachte blubbert, die begleitenden Flößer Geschichten von früher erzählen und auch mal ein Flößerlied anstimmen. Ein entspanntes, vergnügliches 2-Stunden-Erlebnis für Jung und Alt in herrlicher Umgebung.

Dabei war das Flößen früher alles andere als entspannt und schon gar kein Vergnügen. In früheren Jahrhunderten war der Lech nirgends aufgestaut, sondern ein frei fließender, mitunter gefährlicher Strom. Schon zur Zeit der Römer wurden auf ihm Waren zur rätischen Hauptstadt Augusta Vindelicum transportiert, dem heutigen Augsburg. Jahrhundertelang verdienten die Lechbrucker ihr Geld als Flößer. Neben teuren Handelswaren, die oft aus Italien kamen, wurde Holz, Kalk und Sandstein aus den Allgäuer Steinbrüchen transportiert. Ein mühsames, buchstäblich schweres Geschäft. Holz aus den Allgäuer Wäldern flößte man oft bis nach Wien – das war damals eine Fahrt, die 14 Tage dauerte!

**TIPP**
Lustig ist das Flößergolf vor dem Rathaus, eine Minigolfanlage mit Elementen aus der Umgebung.

Das ging so bis Anfang des 20. Jahrhunderts, als die Wiener Kunden ihr Holz billiger und schneller per Dampfschiff vom Balkan bezogen und zudem die Eisenbahn nach Lechbruck gebaut wurde. Mit der Bahn kamen auch die ersten Touristen ins Dorf, eine neue Ära begann. Heute knüpfen die Lechbrucker mit ihrer Positionierung als „Flößerdorf“, einem Flößermuseum und den touristischen Floßfahrten an ihre Vergangenheit an. Den Platz auf dem Floß sollte man vorab reservieren; die Fahrten finden ab Juni dienstags und donnerstags statt.

- Floßfahrt auf dem Lechstausee am Bootshafen, Lechwiesenstraße, 86983 Lechbruck am See, www.lechbruck.de
- ÖPNV: Haltestelle Rottachmühlstraße

PAULANER

# Sagenhafte Engstelle

6

## Der Lechfall bei Füssen

Was für ein abrupter Wechsel – eben noch schimmert der Lech ruhig in seiner typisch türkisgrünen Farbe, plötzlich verwandelt er sich in wilde, weiße Gischt. Über fünf Stufen und 12 Meter Höhenunterschied rauscht er abwärts, um sich anschließend durch eine Engstelle zwischen mächtigen Felswänden zu zwängen. Die Luft vibriert förmlich, man spürt die belebende Energie des Wildflusses, der hier bei Füssen erstmals gebändigt wird.

Den Wasserfall und die Engstelle gibt es schon seit Jahrtausenden, ihnen verdankt die Stadt vermutlich ihren Namen; das lateinische Wort *fauces* heißt Engpass oder auch Schlund. Die Stufen sind dagegen das Ergebnis menschlicher Eingriffe: Im Jahr 1784 sprengte man erstmals Ableitungsstollen in den Fels, um Mühlräder anzutreiben. 1903 wurde die Stollenanlage dann zur Stromerzeugung umgerüstet. Sie gilt heute als Industriedenkmal und ist immer noch weitgehend unverändert in Betrieb.

TIPP

Am beeindruckendsten ist der Lechfall nach Regentagen, wenn der Fluss reichlich Wasser führt.

Der beste Ort, um die Energie des Lechfalls zu erspüren und seine Schönheit zu bewundern, ist der König-Max-Steg, der im Jahr 1895 erbaut wurde. Namensgeber war der bayerische König Maximilian II., der Vater des Märchenkönigs Ludwig II. Als junger Mann erkannte Maximilian die Schönheit der Gegend um Füssen und ließ die kleine, heruntergekommene Burg Schwanstein in das königliche Schloss Hohenschwangau umwandeln. Mit seiner Bautätigkeit und seinen Aufenthalten brachte er Arbeit und Wohlstand in die Region, weswegen ihm „die dankbare Stadt Füssen" (so die Inschrift) im Jahr 1866 ein Denkmal errichtete: Aus einer Nische am Lechfall blickt die Büste des Königs noch heute nachdenklich auf den Fluss. Auch ein sagenumwobener Heiliger hat „seinen" Ort am Lechfall. Unterhalb des Wasserfalls befindet sich der sogenannte Magnustritt, zu dem noch Anfang des 20. Jahrhunderts Wallfahrer pilgerten. Laut der Legende soll der heilige Magnus auf der Flucht vor Verfolgern hier über die Engstelle gesprungen sein und seine Fußabdrücke hinterlassen haben.

- Lechfall, 87629 Füssen
- ÖPNV: Bahnhof Füssen, ca. 1,3 Kilometer Fußweg

# Spiegelndes Wanderglück

## 7 Am Vilsalpsee im Tannheimer Tal

Eigentlich liegt das Tannheimer Tal ja im österreichischen Bundesland Tirol. Aber es ist nur ein Katzensprung über die Grenze und gefühlt gehört das Nachbartal mit seinen Bergen und Seen doch irgendwie zum Allgäu. Einer der bezauberndsten Seen der Region liegt in einem Naturschutzgebiet und ist vom Ort Tannheim aus in knapp einer Stunde zu Fuß (alternativ mit einem touristischen Bähnchen, dem Tannheimer Alpenexpress) zu erreichen: der Vilsalpsee. Er liegt auf 1165 Metern Höhe inmitten hoch aufragender Berge. Das klare Wasser ist kühl und erfrischend, am Nordufer gibt es eine Badestelle. Dort kann man im Ausflugslokal Haubentaucher auch Ruderboote ausleihen.

Am schönsten aber ist es, den See gemächlich auf dem breiten und gut befestigten Uferweg zu umrunden, und zwar entgegen dem Uhrzeigersinn. Immer neue Ausblicke ergeben sich, immer neue Ruhebänke, Felsbrocken und Kiesbänke laden zum Verweilen, Schauen und Genießen ein. Je nach Lichteinfall schimmert das Wasser bläulich oder in tiefem Grün, die Gipfel der Berge spiegeln sich darin und als leise Begleitmusik bimmeln im Sommer die Schellen der auf den Hängen weidenden Kühe. Ein Alpenidyll wie aus dem Bilderbuch.

Ein Stückchen jenseits des Südufers liegt die Vilsalpe, auf deren Sonnenterrasse man zünftig Brotzeit machen oder sich mit Kaffee und Kuchen stärken kann. Wer die sportliche Herausforderung sucht, kann von der Alpe zu mehreren Bergtouren auf über 2000 Meter hohe Gipfel aufbrechen. Das kleine Wanderglück für jedermann und jederkind (der Weg ist auch kinderwagengeeignet) findet sich aber auf der weiteren Seenumrundung. Faszinierend ist der große Bergrutsch am Berg Blässe, der sich bereits 2012 ereignete und einen Teil des Weges verschüttete. Heute sind die Gesteins- und Geröllmassen teilweise schon wieder grün bewachsen und der Rundweg ist wieder komplett begehbar – allerdings auf eigene Gefahr, denn weitere Felsstürze sind nicht auszuschließen. Wer auf Nummer sicher gehen will, kehrt also vorher um.

TIPP

Vom kostenpflichtigen Privatparkplatz im Tannheimer Ortsteil Schmieden zum Vilsalpsee wandern.

---

● Vilsalpsee, 6675 Tannheim (Österreich)
www.tannheimertal.com
● ÖPNV: Haltestelle Vilsalpsee

# Badefreuden

## 8 Am Schwaltenweiher bei Seeg/Rückholz

Eine Liegewiese mit reichlich Platz, ein flacher Einstieg ins schon ab Mai angenehm temperierte Wasser – und dann dieses fantastische Panorama! Schwimmen mit Blick über hügelige Wiesen und Wälder auf den mächtigen Breitenberg und den kronenförmig gezackten Gipfel des Aggensteins ist ein besonderes Vergnügen, das sich so nur im Schwaltenweiher genießen lässt. Der mit durchschnittlich 4 Meter Wassertiefe relativ flache See ist so groß, dass man ihn auch mit einem Boot oder SUP befahren kann. Beides gibt es bei Bedarf am Seepark Schwaltenweiher zu leihen. Oder man bringt einfach das eigene SUP, ein Schlauchboot oder eine Luftmatratze mit. Selbst an gut besuchten Tagen wird es auf dem Wasser nie trubelig, es bleibt immer genug Raum zum Rauspaddeln und Träumen.

TIPP

Wer lieber wandert, kann den Schwaltenweiher in etwa einer Stunde umrunden (circa 4 Kilometer).

Wenn sich nach den Wasseraktivitäten oder nach ausgiebigem Chillen der Hunger meldet, bietet sich an der Badestelle am Westufer ein Kiosk und an der am Ostufer sogar ein kleines Restaurant zur Stärkung an. Am Westufer (bei Goldhasen) zahlt man fürs Parken, aber nicht fürs Bad, am Ostufer (Seepark) parkt man dagegen kostenlos, zahlt aber Eintritt zum Naturbad. Wer von einem Ufer zum nächsten schwimmt, überquert sogar eine Gemeindegrenze: Der Schwaltenweiher liegt nämlich vollständig auf dem Gebiet der Gemeinde Rückholz. Nur die kleine Halbinsel, auf der das Seeparkgelände liegt, gehört zur Gemeinde Seeg.

So selbstverständlich liegt der kleine See eingebettet in die Hügellandschaft, dass man auf den ersten Blick gar nicht vermuten würde, dass er künstlich angelegt wurde. Seine Existenz verdankt er dem Habsburger Kaiser Maximilian I., der den Schwaltenbach im Jahr 1514 als Fischweiher und Wasservogeljagdrevier aufstauen ließ. Der Fischzucht dient er immer noch, aber das Jagdrevier wurde zum Baderevier. Heutzutage wird jeden Herbst das Wasser aus dem Stausee abgelassen, sodass im Winter nur eine kahle Mulde zurückbleibt. Das sieht ein bisschen seltsam aus, weckt aber die Vorfreude auf das sommerliche Badeglück.

- Schwaltenweiher mit Seeterrasse Goldhasen, Goldhasen 59, 87494 Rückholz
- Seepark Schwaltenweiher, Schwalten 2, 87637 Seeg, www.schwaltenweiher.de

# Frischekick für die Füße

9

## Ein Gang durchs Kneippbecken in Ottobeuren

Wohl kaum etwas wirkt erfrischender, als an einem heißen Sommertag bis zu den Knien ins kühle Wasser zu waten und ein paar Runden im Storchengang zurückzulegen: den rechten Fuß auf den Boden setzen, dann das linke Bein anwinkeln, den Fuß herausziehen, wieder auf den Boden setzen und dieselbe Abfolge rechts wiederholen. Sieht ein bisschen lustig aus, fühlt sich aber herrlich belebend an und ist noch dazu richtig gesund. Denn das „Wassertreten“ mit seinen abwechselnden Kalt-warm-Reizen fördert die Durchblutung, stabilisiert den Kreislauf (besonders wichtig an heißen Tagen!), kräftigt die Venen und regt das Immunsystem an.

Man muss ihm wirklich dankbar sein, dem im nahen Stephansried geborenen „Wasserdoktor“ und Pfarrer Sebastian Kneipp. Ohne ihn wäre Ottobeuren kein Kneippkurort, es gäbe den Kurpark nicht und auch nicht die großzügige Wassertretanlage darin. Pardon, der Kurpark heißt gar nicht so, er firmiert offiziell als Aktiv Park Kneippland® Unterallgäu.

TIPP

Im Park gibt es noch einen kleinen Meditationsgarten und eine Lourdesgrotte zu entdecken.

Am Kneippbecken herrscht im Sommer reger Betrieb. Hier waten Senioren gesundheitsbewusst durchs Wasser, legen Spaziergänger eine spontane Erfrischungspause ein und treffen sich junge Mütter mit kleinen Kindern, die im Becken nicht waten, sondern ausgelassen planschen. Die Stimmung an diesem nassen Glücksort ist fröhlich und entspannt, es wird geplaudert und gelacht. Es gibt auch ein kleines, erhöhtes Becken für Armbäder und einen Schlauch für kalte Güsse.

Handtücher braucht man hier nicht (außer vielleicht für die badenden Kinder). Auf der umgebenden Wiese spaziert man nach dem Kneippgang barfuß herum, bis die Beine wieder trocken und warm sind. Wer mag, kann sich anschließend auf einer Bank ausruhen oder weiter durch den hübsch angelegten Park schlendern. Die Füße gehen dann buchstäblich wieder frisch ans Werk.

- Aktiv Park Kneippland® Unterallgäu, östlich am Bannwaldweg, 87724 Ottobeuren
- ÖPNV: Haltestelle Basilika, ca. 500 Meter Fußweg

# Königliche Aussicht

## 10 Schlösserblick am Alpsee in Hohenschwangau

„Wo auf den Bergen Schlösser wachsen" lautet ein Werbeslogan für das Ostallgäu. Und wirklich: Wenn man vom Westufer des Alpsees aus in Richtung Hohenschwangau über den See blickt, scheint es, als wüchsen die Schlösser nur so aus dem Boden.

Auf einem Höhenzug zur Linken das in warmem Gelb gehaltene Schloss Hohenschwangau, in dem der bayerische König Maximilian II. seine Träume von einer mittelalterlichen Burg verwirklichte. Zur Rechten das weltberühmte Schloss Neuschwanstein, in dem Maximilians Sohn Ludwig II. die väterlichen Ideen noch weit übertraf: Das ursprünglich als „Neue Burg Hohenschwangau" geplante Schloss ist weit größer, liegt deutlich höher und ist noch stärker am Idealbild einer mittelalterlichen Burg ausgerichtet. Zwischen den beiden verwirklichten Königsträumen liegt das ab 1780 erbaute, schmucke Haus Alpenrose, das heute zu einem großen Hotelkomplex gehört. Die drei Prachtbauten spiegeln sich im geheimnisvoll blaugrün schimmernden und überaus klaren Wasser des Alpsees, der rundum von Bergen eingefasst ist. Kein Wunder, dass die bayerischen Könige diesen Ort liebten – er ist von einer fast magischen Schönheit.

Man kann den Alpsee in einer Stunde bequem umrunden, wobei sich im Hinblick auf die schönsten Aussichtspunkte die Runde gegen den Uhrzeigersinn empfiehlt. Nach rund 20 Minuten erreicht man das Marienmonument am Westufer. Es erinnert an die bayerische Königin Marie, Ludwigs Mutter, die diesen Platz besonders liebte. Schlossblick hat man hier allerdings noch nicht. Aber auf dem weiteren Weg kommt zuerst die Alpenrose in den Blick, dann Schloss Neuschwanstein und schließlich sieht man alle drei. Immer neue Blickwinkel eröffnen sich auf das Gesamtkunstwerk aus Landschaft und Gebäuden. Daher dauert die Runde um den Alpsee meist deutlich länger, als es die Wegstrecke von knapp 4 Kilometern erwarten ließe: Man muss immerzu stehen bleiben, schauen und staunen.

**TIPP**

Im Sommer kann man am Südufer im Alpseebad die königliche Aussicht auch beim Schwimmen genießen.

- Alpsee, 87645 Schwangau
- ÖPNV: Haltestelle Neuschwanstein Castle oder Hohenschwangau Gymnasium

# Aller Anfang ist klein

## 11 Am Ursprung der östlichen Günz in Günzach

Erstaunlich, wie klein etwas wirklich Großes anfangen kann: Der Ursprung der östlichen Günz liegt am Rand des Dorfs Günzach, das dem Bächlein seinen Namen verdankt. Das Gewässer wiederum wurde vor Urzeiten nach einer keltischen Flussgottheit benannt, die wohl Guntia oder Gontia hieß. Heute präsentiert sich der Ursprung der östlichen Günz in einem winzigen, steingefassten Becken. Von dort rinnt das klare Wasser westwärts unter einem hölzernen Brückchen hindurch und umspült ein Geländer, das den Kneippgang durch das Bachbett ermöglicht. Brr, das gerade aus dem Boden gequollene Günzwasser ist wirklich kalt – aber so belebend! Ein Barfußpfad, ein Holzkreuz und eine Steinstele in Form einer Welle ergänzen den Miniauszeitpark an der Quelle. Perfekt, um auf einer Radtour eine Pause einzulegen oder einen Feierabend-Kneippgang zu machen.

TIPP

Hier beginnt auch der 90 Kilometer lange Günztal-Radweg (www.bayerisch-schwaben.de/a-guenztal-radweg).

Vor allem aber eignet sich dieser Ort, um darüber nachzusinnen, wie Kleines groß wird und alles mit allem zusammenhängt: Das unscheinbare Rinnsal vor diesem wenig bekannten Dorf wird von weiteren Wasserläufen gespeist und fließt stetig anschwellend nordwärts durch das Günztal. Nach 39 Kilometern vereinigt sich in der Unterallgäuer Gemeinde Lauben die östliche Günz mit der westlichen. Die eigentliche Günz fließt weitere 55 Kilometer gen Norden, um bei Günzburg in die ostwärts strömende Donau zu münden. Die Donau wiederum ergießt sich nach weiteren rund 2000 Kilometern ins Schwarze Meer.

Wer die Füße an der Günzquelle ins Wasser hält, steht also in direkter Verbindung zum Schwarzen Meer. Das frische Quellwasser, das die Füße umspült, fließt nicht nur weiter nach Günzburg, sondern auch nach Passau, Wien und Budapest. Vom Allgäu reist es nach Österreich, Ungarn, Bulgarien, Serbien und Rumänien. Und über das Schwarze Meer gelangt es weiter an die Küsten der Türkei, Georgiens, Russlands und der Ukraine. Ist das nicht faszinierend?

- Günzquelle, Aitranger Straße, 87634 Günzach
- ÖPNV: Bahnhof Günzach, ca. 1,3 Kilometer Fußweg

# Erfrischungspause

12

## Das Moorbad Oberjoch

Viele Wanderer bemerken die kleine Naturbadestelle zunächst gar nicht, schließlich liegt sie ein bisschen versteckt hinter dem großen Wanderparkplatz und der Moorhütte, einer beliebten Ausflugsgaststätte. Nur wer sich vom Trubel auf der Terrasse nicht ablenken lässt, entdeckt das hölzerne Portal mit der Aufschrift „Hochmoor Oberjoch". Wer es durchschreitet und sich nach rechts wendet, steht direkt vor der Badestelle, die sich so unauffällig in die Umgebung einfügt, als wäre sie ein ganz natürlicher Teil von ihr. Ein fast rechteckiges, holzgefasstes Becken umschließt dunkles, beinahe schwarzes Moorwasser, in dem sich die Birken und Fichten spiegeln, die es umringen. Die Liegewiese hat den Charakter einer Waldlichtung, auf der man sich liebend gerne zu einer Entspannungspause ausstreckt. Zuvor aber geht's ab ins Wasser. Sei es zum Kneipp'schen Wassertreten im abgetrennten Flachbereich oder auch zum Eintauchen ins dunkle, weiche Nass, in dem man beim Schwimmen von roten und blauen Libellen umtanzt wird.

TIPP

Die nächste öffentliche Toilette liegt 3 Minuten entfernt an der Talstation der Iselerbahn.

Herrlich erfrischend ist so ein Moorbad nach einer Wanderung an heißen Tagen. Und gut für die Gesundheit ist es auch: Die im Moor enthaltenen Huminstoffe sollen entzündungshemmend, durchblutungsfördernd und krampflösend wirken. Die friedlich-grüne Atmosphäre der Badestelle verstärkt den Entspannungseffekt noch. So mancher, der „nur schnell ins Wasser hüpfen" wollte, bleibt dann doch etwas länger – sie tut einfach so gut, die Moorerfrischung.

Das Bad liegt am Kematsriedmoos, einem etwa 20 Hektar großen Moorgebiet, das nach 150 Jahren Entwässerung und Torfabbau zwar gelitten hat, heute aber wieder renaturiert wird. Ein knapp 1,5 Kilometer langer Rundweg führt über Hackschnitzel und Holzbohlen durch das Hochmoor, Infotafeln klären über seine Geschichte, Flora und Fauna auf. Man kann also nach dem Bad noch ein bisschen mehr Moor genießen und dabei auch noch etwas lernen.

● Moorbad Oberjoch (hinter der Moorhütte), Paßstraße 51, 87541 Bad Hindelang ● ÖPNV: Haltestelle Iselerbahn

Wassertiefe

# Entspannen & wohlfühlen

## 13 Im Naturbad am Badsee Beuren

Nein, viel schöner kann ein Naturbad kaum sein: Der längliche, leicht moorige Badsee, der von einem Bach gespeist wird, liegt inmitten der sanften, sattgrünen Westallgäuer Hügellandschaft. Am See selbst gibt es keine Bebauung, nur ein Campingplatz erstreckt sich hinter dem Nordufer. Am nordöstlichen Ufer bietet sich eine großzügige und gut gepflegte Liegewiese zur Erholung an. Große Laubbäume auf der Wiese spenden willkommenen Schatten, aber auch wer die Sonne liebt, findet das perfekte Plätzchen für sein Badetuch. Von einem kiesig-sandigen Strand aus watet man gemächlich ins Wasser. Da der Badsee ziemlich flach ist (die tiefste Stelle liegt nur rund 7 Meter unter der Oberfläche), ist das Wasser bereits im Frühsommer angenehm warm.

Nicht nur auf der Liegewiese, auch im rund 42 Hektar großen See ist genug Platz für alle Besucher mit ihren Lieblingsaktivitäten im Wasser: Kleinkinder werden hier beim Planschen im Flachwasser genauso glücklich wie Jugendliche weiter draußen auf der Luftmatratze oder im Schlauchboot, Sportliche beim Schwimmen und Chiller auf dem SUP. Der westliche Teil des Sees ist durch Bojen abgegrenzt und steht Surfern zur Verfügung, wenn es genügend Wind gibt.

Noch dazu gibt es am Badsee echten Freibadkomfort mit Toiletten, Duschen und Umkleidekabinen sowie einem Spielplatz mit Schaukel, Wippe, Klettergerüst und Sandkasten. Wenn man vom Schwimmen oder Herumliegen Appetit bekommen hat, kann man sich am Kiosk mit einem reichhaltigen Angebot an Snacks und Getränken stärken. Wer dann noch ein Buch zur gemütlichen Lektüre mitnimmt, hat beste Voraussetzungen, um einen herrlich entspannten Badetag zu verbringen. So sieht echtes Sommerglück aus! Da das sowieso unbezahlbar ist, passt es gut, dass das Naturbad am Badsee keinen Eintritt kostet.

**TIPP**

Der Großteil der Uferbereiche ist als Schutzzone für Vögel und andere Lebewesen ausgewiesen und tabu.

● Naturbad am Badsee Beuren, Allmisried 5, 88316 Isny

# Genuss am Fluss

## 14 Die fiume sommerbar in Kempten

Es ist eindeutig der allerschönste Blick auf Kempten, den man von der Terrasse der Sommerbar aus genießt: über die Iller und das Stauwehr auf die grün umwucherte Altstadt mit dem mittelalterlichen Illertor, dem eleganten Turm der St.-Mang-Kirche und die schon fast nostalgisch anmutenden Bauten des Allgäuer Überlandwerks (kurz: AÜW) am linken Illerufer. Obwohl das fiume (italienisch für Fluss) direkt an der viel befahrenen St.-Mang-Brücke liegt, bekommt man vom Verkehr nicht viel mit. Man sitzt wahlweise gut beschirmt oder besonnt auf der Terrasse über dem Wasser, schlürft einen Cappuccino oder nippt an einem erfrischenden Getränk, während im Hintergrund Gute-Laune-Loungemusik läuft. Unweigerlich stellt sich ein südlich-entspanntes Lebensgefühl ein und man spürt ein Stück Italien an der Iller.

Es ist kein Zufall, dass sich die Sommerbar besonders gegen Abend füllt: Sie liegt am Ostufer des Flusses und ist damit der perfekte Ort, um den Tag in der Allgäu-Metropole mit dem Betrachten des Sonnenuntergangs ausklingen zu lassen. Mehr Dolce-Vita-Feeling gibt es nördlich der Alpen einfach nicht. Und weil die Location gar so schön ist, gibt es hier im Sommer gelegentlich auch Open-Air-Konzerte.

**TIPP**

Wer seinen Sundownerplatz sicher haben möchte, sollte ihn vorab per E-Mail reservieren.

Was manche Besucher gar nicht mitbekommen: Die Sommerbar ist gewissermaßen ein Kind der grünen Energieerzeugung – sie steht nämlich auf dem Dach eines alten, im Jahr 2014 umfassend sanierten Restwasserkraftwerks. Schon seit den 20er-Jahren des letzten Jahrhunderts wird an der Iller Strom aus Wasserkraft erzeugt, das AÜW ist seit 1927 das kommunale Elektrizitätswerk Kemptens. Wer hätte gedacht, dass klimafreundliche Energieerzeugung im Allgäu eine so lange Tradition hat und so genussreiche Orte hervorbringen kann? Geöffnet ist die Sommerbar nur an schönen Tagen, und zwar von März bis Ende Oktober.

- fiume sommerbar, Kaufbeurer Straße 1, 87437 Kempten
  www.fiume-sommerbar.de
- ÖPNV: Haltestelle Illerstraße/AÜW

# Fröhliche Fontäne

15

## Der Jakobsweiher im Kurpark Bad Wörishofen

Ein stilles Plätzchen an einem kleinen Teich im Grünen, eine fröhlich sprudelnde Fontäne und die Absicht, nichts zu tun, als das Schauspiel der fliegenden Wassertröpfchen und der kleinen Wellen im Teich zu beobachten. Mehr braucht es nicht, um zur Ruhe zu kommen und die Alltagshektik abzustreifen wie ein Paar lästig drückende Schuhe. Die Auswahl an dafür geeigneten Plätzen ist am Jakobsweiher erstaunlich groß: Seien es die geschwungenen Doppelsitze auf der Glücksinsel, die Bänke unter den Weiden am Ostufer oder die Hängematte am kleinen Sandstrand am Nordufer – überall kann man ganz für sich sein, die aufsteigenden und herabsinkenden Wasserstrahlen beobachten und ihre gleichzeitig beruhigende und belebende Wirkung erspüren. Man könnte glauben, dass Teich und Fontäne schon immer hier waren, im Herzen des 163.000 Quadratmeter großen Parks. Dabei lag auf dieser Fläche früher ein Sportplatz, erst im Jahr 1967 wurde daraus der Jakobsweiher. Heute ist er einer der beliebtesten Mußeplätze im Kurpark Bad Wörishofen, der an Ruhezonen und Outdoor-Wellnessangeboten nicht gerade arm ist.

Nördlich des Weihers liegen die Heilkräutergärten und der Duft- und Aromagarten mit ebenfalls einladenden Bänken. Südlich erstreckt sich das Rosarium mit seinen über 6000 Rosenstöcken aus rund 550 Rosensorten. Im Sommer ist es ein betörendes Vergnügen, von Blüte zu Blüte zu wandern und ihren zarten Duft zu erschnuppern. Im Osten liegen ein Freiluftinhalatorium, in dem man heilsame Natursoletröpfchen einatmen kann, und das Kneippbecken, an dem der 1,5 Kilometer lange Barfußpfad beginnt. Das Barfußgehen lässt die Füße quicklebendig werden und ein Gang durchs Kneippbecken regt die Durchblutung ordentlich an. Nach all den Aktivitäten kehrt man aber gerne nochmals zur fröhlichen Fontäne am Jakobsweiher zurück: Es macht einfach glücklich, ihr zuzusehen.

TIPP

Im Kurpark gibt es östlich des Jakobsweihers noch zwei weitere, kleinere Teiche mit (kleineren) Fontänen.

● Jakobsweiher im Kurpark, Zugang über den Franz-Kleinschrod-Weg, 86825 Bad Wörishofen, www.bad-woerishofen.de/entspannen/kurpark
● ÖPNV: Bahnhof Bad Wörishofen, ca. 1 Kilometer Fußweg

# Im Fröscheparadies

16

## Das Werdensteiner Moos bei Immenstadt

Früher dachte man, Moore seien unnütz, weil landwirtschaftlich nicht nutzbar. Sie dienten allenfalls zum Torfabbau, um billiges Heizmaterial zu gewinnen, und wurden zu diesem Zweck entwässert. So erging es auch dem Werdensteiner Moos (im Allgäu sagt man Moos, nicht Moor). Erst seit einigen Jahrzehnten weiß man, dass Moore wichtig für den Klimaschutz und zudem Heimat zahlreicher seltener Pflanzen- und Tierarten sind.

Im Werdensteiner Moos begann man immerhin schon vor über 30 Jahren mit der Wiedervernässung und arbeitet nach wie vor daran, die Verbuschung auf der 85 Hektar großen Fläche zu stoppen. Vor allem aber legte man einen 3,5 Kilometer langen Rundweg an, der als abwechslungsreicher Erlebnispfad gestaltet ist. Auf weich federndem Boden führt der mit Hackschnitzeln bestreute Pfad in eine bezaubernde Moorwelt, zu kleinen Tümpeln und Teichen, in denen im Frühsommer die Frösche um die Wette quaken und über denen Libellen in leuchtenden Farben fliegen. Schilfgras, Sumpfschwertlilien, Teichrosen und andere nässeliebende Pflanzen wuchern in üppigem Grün. Auf anderen Flächen wirkt der Bewuchs eher heideartig, heben sich die kahlen Äste abgestorbener Bäume von sumpfigen Flächen ab und ergeben ein düster-romantisches Bild.

**TIPP**
Die Moosrunde über einen Abstecher zum etwa 1 Kilometer entfernten Burg-Café Werdenstein erweitern.

Zwei Aussichtstürme und eine über einen Steg erreichbare Plattform bieten Über- und Einblicke ins artenreiche Biotop, es gibt einen kleinen Barfußpfad und für Kinder ein Vogel- und ein Libellenbandolino. Immer wieder entdeckt man etwas Neues und wer sich etwas Zeit nimmt und sich ruhig verhält, kann Frösche und Fische, Schmetterlinge und Schleichen beobachten, die in diesem kleinen Naturparadies zu Hause sind. So kann aus einem kurzen Moorspaziergang eine Entschleunigungs- und Naturgenussrunde werden, die dankbar und ehrfürchtig macht: so viel Schönheit und Vielfalt auf so kleinem Raum! Wie gut, dass man das Moos nicht endgültig trockengelegt und damit seinen Reichtum zerstört hat.

● Werdensteiner Moos, Thanners, 87509 Immenstadt

# Idyll in Blaugrün

17

## Am Obersee im Faulenbacher Tal

Wer den Trubel scheut und das stille Idyll sucht, sollte nicht unbedingt nach Füssen fahren, denn im romantischen Städtchen ist oft ganz schön viel los. Umso erstaunlicher ist es, dass nur wenige Gehminuten, etwa über den Maxsteg oder durch das Morisse-Felsentor, genügen, um in eine völlig andere Welt zu gelangen: Bad Faulenbach ist der versteckteste und am wenigsten bekannte Ortsteil von Füssen. Vor Jahrzehnten genoss er einen guten Ruf als Mineralheilbad, aber die Heilquelle sprudelt heute nicht mehr. Nur der Faulenbach mit seinem leicht schwefligen Geruch, dem er seinen Namen verdankt, plätschert wie eh und je dahin.

Als „Tal der Sinne" präsentiert sich das Faulenbacher Tal heute, mit Barfußpfad, Balancierstationen und einer großen Kneippanlage. Die eigentlichen Anziehungspunkte sind aber die vier Teiche, die zwischen den kleinen Hotels und Pensionen des Ortes Bad Faulenbach und dem ungleich bekannteren Alatsee liegen. Einst wurden sie als Fischteiche für die Mönche des Füssener St.-Mang-Klosters angelegt. Heute sind sie als blau schimmernde Kostbarkeiten in einer Fassung aus wucherndem Grün der Schmuck des Tals und aus diesem nicht mehr wegzudenken.

Der kleinste ist eigentlich nur ein Tümpel und liegt jenseits der Alatseestraße. Der nächstgrößere Teich gegenüber der Kneippanlage lädt zu einer beschaulichen Pause auf einer hübschen Ruhebank ein. Am Mittersee liegt eine Waldwirtschaft mit etwas eigenwilligem Dekor; man kann im See auch schwimmen oder wassertreten. Der schönste und größte der Vier ist aber der Obersee, an dessen Nordufer sich ein Strandbad befindet. Es verfügt über einen Sprungturm und einen Kiosk und bietet sich für einen sehr entspannten Badenachmittag an – oder für einen Spaziergang am Seeufer entlang, von dem aus sich das von Bergen eingefasste blaugrüne Idyll ausgiebig bewundern lässt. Wenn man dem Faulenbach weiter folgt, gelangt man nach etwa einer halben Stunde an den Alatsee, der ebenfalls eine Einkehr- und Bademöglichkeit zu bieten hat.

TIPP

Die Minigolfanlage im Tal der Sinne gehört zu den schönsten Anlagen im Allgäu.

- Obersee im Faulenbacher Tal, 87629 Füssen
- ÖPNV: Haltestelle Morisse, ca. 1,5 Kilometer Fußweg

# Die Glücksgumpe

18

## An den Buchenegger Wasserfällen bei Oberstaufen

Ein natürlich gebildeter Pool, gefüllt mit klarem, grünlichem Wasser, der von einem anmutigen Wasserfall gespeist wird – die Gumpe unterhalb der Buchenegger Wasserfälle ist das schönste Naturbadebecken, das man sich nur vorstellen kann. Kein Wunder, dass sie ein beliebtes Wanderziel und ein bekannter Fotospot geworden ist. Wer ein Geheimtipp-Plätzchen sucht, das man ganz für sich allein haben kann, wird hier eher nicht fündig. Aber wer die Schönheit der Natur auch dann genießen kann, wenn er sie mit anderen teilt, wird an dieser Gumpe garantiert glückliche Momente erleben.

Selbst an heißen Tagen ist es dort zwischen den Felswänden angenehm temperiert, als Wanderer kann man seine Füße ins kühle Wasser hängen und dem beruhigenden Rauschen lauschen. Unterhalb des Wasserfalls erfüllen Gischttröpfchen die Luft und die Sonne zaubert funkelnde Reflexe ins wogende Weißachgrün. Hier zu verweilen ist ein Genuss für die Sinne. Weiter südlich ist die Weißach einfach ein Gebirgsbach. Aber ein Stück oberhalb des Weilers Buchenegg stürzt sie in zwei Stufen tief in eine Schlucht hinab. Der obere Wasserfall hat eine beckenförmige Gumpe in den Fels gegraben, der untere, deutlich höhere Wasserfall rauscht in einen großen Kessel, der von steil aufragenden Felswänden eingefasst ist. Nur der untere Fall ist von der Schlucht aus zu sehen.

Der Naturgenuss will allerdings erst verdient werden: Von der Talstation der Hündlebahn wandert man knapp eine Stunde über Buchenegg bis zu den Wasserfällen, der eigentliche Abstieg zur Weißach dauert rund 20 Minuten und ist steil. Er führt über Wurzeln und Stufen und kann nach Regen auch rutschig sein. Zu diesem „Pool" sollte man definitiv nicht mit Flipflops schreiten, sondern in Schuhen mit gutem Profil. Diese sind auch beim Aufstieg aus der Glücksgumpe nützlich.

TIPP

Wer mag, kann auf dem Rückweg den Hündlekopf besteigen und nach dem Gumpen- noch ein Gipfelfoto machen.

- Buchenegger Wasserfälle, 87534 Oberstaufen
- ÖPNV: Talstation Hündlebahn, ca. 3 Kilometer Fußweg

# Wasserspiele

## 19 In der Unteren Hausbachklamm bei Weiler

Nur rund 5 Kilometer ist der Hausbach lang, der durch Weiler fließt, bevor er am westlichen Ortsrand in die Rothach mündet. Wer das kleine Gewässer sieht, würde kaum auf die Idee kommen, dass es auf seinem kurzen Lauf die Kraft hatte, eine Klamm zu formen. Wer sie von Weiler aus erkunden will, startet im Zentrum, biegt in die Schulstraße und schlägt den beschilderten Wanderweg ein, der am Pfarrhaus vorbei zu einer Lourdesgrotte führt. An der Grotte, die in einem kapellenartigen Gebäude untergebracht ist, beginnt die Hausbachklamm. Zunächst spaziert es sich gemächlich am Bächlein entlang, das brav in seinem Bett fließt und sich über vier Stufen eines künstlichen Wasserfalls ergießt. Angenehm kühl ist es am Wasser und unter dem grünen Blätterdach, das es umgibt.

**TIPP**
Die ganze Klamm über den Premiumwanderweg „Klamm & Mystik" erwandern (www.westallgaeu.de/premiumwanderwege).

Je weiter man dem Bachlauf folgt, desto üppiger wird die Vegetation, desto ursprünglicher das Bachbett. Dann kommen die ersten Passagen, auf denen die Kraft des Wassers erkennbar wird: Ein Wasserlauf mündet in den Hausbach, der einen schmalen, aber tiefen Einschnitt in den felsigen Grund gefressen hat. Wie durch eine Miniklamm strömt er hindurch, über dekorativ wellenförmig geschliffene Felsplatten.

Das schönste Stück für Wasserspiele und zum Pritscheln kommt ein Stückchen weiter, kurz bevor der Wanderweg den Hausbach über eine Brücke quert. Dort hat das Wasser mehrere natürliche Felsstufen weich abgerundet und kleine Gumpen hineingefräst. Die höchsten Stellen ragen wie Sitzbänke heraus und sind geradezu unwiderstehlich einladend: Schuhe ausziehen, Füße ins Wasser und die erfrischende Kühle genießen. Das Wasser gurgelt und murmelt zufrieden, ein Lufthauch bewegt das Blätterdach, sonst ist es ganz ruhig. Man kann ein bisschen herumwaten, vielleicht ein kleines Steinmännchen bauen. Aber eigentlich reicht es, nur auf den Felsenbänken im Bachbett zu sitzen, dem Wasser zu lauschen, seinen Lauf zu beobachten und die Zeit zu vergessen.

- Hausbachklamm, 88171 Weiler-Simmerberg
- ÖPNV: Bahnhof Weiler (Allgäu), ca. 500 Meter Fußweg bis zur Unteren Hausbachklamm

# Los ins Moos!

## 20 Der Moorweiher im Wildrosenmoos Oberreute

Nur einen Millimeter pro Jahr wächst ein Hochmoor in die Höhe – wer hier einen Meter tief gräbt, wühlt sich also durch 1000 Jahre Moorgeschichte! Der so langsam wachsende Torf wurde jahrhundertelang abgebaut und als günstiges Brennmaterial verheizt. Was für ein Glück, dass im Wildrosenmoos der Torfabbau schon lange nicht mehr stattfindet und es heute als Naturschutzgebiet ausgewiesen ist.

Früher mähten die Bauern einmal im Jahr die Feuchtwiesen von Hand ab und trockneten die Gräser anschließend, um sie über den Winter als Einstreu in den Ställen zu verwenden (daher stammt der Begriff „Streuwiese"). Heute werden die Wiesen ebenfalls jährlich gemäht, aber nicht mehr per Sense, sondern mit dem Motormäher. Andernfalls würden sie bald verbuschen und den einzigartigen Charakter der Moorlandschaft verlieren.

TIPP

Am schnellsten gelangt man vom Wanderparkplatz Hinterschweinhöf ins Wildrosenmoos.

Wanderwege erschließen das Gelände, das aus Wiesen, Senken und Tümpeln besteht und Lebensraum besonderer Pflanzen und Tiere ist: Auf den ersten Blick fallen Birken und Moorkiefern auf, im Sommer blüht hier die Besenheide in lilastichigem Rot, Rausch- und Heidelbeersträucher tragen blaue Beeren, das Torfmoos leuchtet in sattem Grün. Zu den unscheinbareren, aber interessanten Pflanzen zählt der rundblättrige Sonnentau, der mit seinen klebrigen Blättern Insekten fängt und „verdaut". Zwischen den Blüten und über den Wasserflächen tummeln sich seltene Schmetterlinge wie der Hochmoor-Bläuling und Libellen wie die Moosjungfer. Sehenswert ist das Wildrosenmoos auch im Herbst, wenn sich die Gräser und Birkenblätter in leuchtenden Ockertönen vor dem Grün der Kiefern abheben. Auf einem Hackschnitzelpfad spaziert man zum Moorweiher mit seinen Sitzbänken, betrachtet die Spiegelungen im dunklen Wasser und hält das Gesicht in die wärmende Herbstsonne. Obwohl der Weiher selbst erst durch den Torfabbau entstanden ist, ist er heute ein Ort, an dem man das Moor mit allen Sinnen genießen kann.

● Moorweiher im Wildrosenmoos, 88179 Oberreute

# Badespaß mit Panorama

21

## Das Erlebnis- und Familienbad Fischen

Von außen sieht das Fischener Freibad nach einem langweiligen 70er-Jahre-Klotzbau aus, der noch dazu nahe der stark befahrenen Bundesstraße 19 liegt. Aber dieser Eindruck täuscht, und zwar ganz gewaltig. Sobald man das Drehkreuz am Eingang passiert hat, betritt man eine ungewöhnlich schöne Freibadwelt, die keinen Vergleich zu scheuen braucht: Die großzügigen und gepflegten Liegewiesen mit Blick auf die umgebenden Berggipfel sind rundum von dichtem Grün umgeben und bieten reichlich Platz fürs Sonnenbad. Wer jedoch ein schattigeres Plätzchen bevorzugt, findet es dank der großen Bäume auf dem Areal ebenfalls. Alternativ kann man gegen kleines Geld einen Sonnenschirm mieten.

Wer ein paar Bahnen schwimmen möchte, freut sich über das 25-Meter-Becken. Wellnessfreunde nutzen die Massagedüsen und den Massagepilz. Kinder lieben den Wasserspielgarten mit Sprudeldüsen, das Kletternetz, den Strömungskanal und das Betonschiff. Für die Kleinsten gibt es ein Extra-Planschbecken mit einer niedlichen Minirutsche, für die Größeren und Mutigeren eine ebenfalls separat gelegene 58 Meter lange Wasserrutsche, auf der es so richtig abgeht. Cafeteria, Umkleidekabinen, Spinde, Toiletten und Duschen stehen ebenfalls zur Verfügung. Erklärte Warmduscher zahlen allerdings 50 Cent extra für entsprechende Duschmarken.

TIPP

Von der stark verbilligten Feierabendkarte profitieren.

In diesem Bad haben die Kleinen also reichlich Spiel- und Planschmöglichkeiten, um glücklich beschäftigt zu sein, und die Großen haben Platz und Muße, um sich zu entspannen – eine glückverheißende Kombination für die ganze Familie. Wer mag, kann sogar Liegestühle mieten und es sich für den ganzen Tag so richtig bequem machen und neben der schönen Badeanlage auch den Bergblick ausgiebig genießen. Wer in Ruhe schwimmen möchte, sollte dagegen eher morgens oder spätnachmittags kommen, bevor der fröhliche Freibadtrubel so richtig losgeht beziehungsweise wenn er wieder abebbt.

- Erlebnis- und Familienbad Fischen, Mühlenstraße 26, 87538 Fischen, Tel. (0 83 26) 6 91
www.hoernerdoerfer.de/a-familienbad-freibad-fischen-allgaeu
- ÖPNV: Haltestelle Freibad

# Im Naturparadies

## 22 Der Duftgarten PRIMAVERA bei Oy-Mittelberg

Die Adresse sagt eigentlich schon alles: PRIMAVERA, ein Hersteller von Körperpflegeprodukten und Duftölen, hat seinen Firmensitz im Naturparadies 1. Was zunächst seltsam oder nach PR-Blabla klingt, hält bei einem Besuch dem Abgleich mit der Realität durchaus stand. Zum einen, weil das gesamte Firmengebäude konsequent nach den Prinzipien der chinesischen Energielehre Feng-Shui erbaut wurde und sich daher in geschwungenen, organischen Formen so natürlich in die Allgäuer Hügellandschaft einfügt, als sei es aus dieser einfach emporgewachsen. Zum anderen, weil sich vor dem Gebäude ein großer, wunderschön angelegter Rosen- und Heilkräutergarten erstreckt, der öffentlich zugänglich ist. Nach den Feng-Shui-Prinzipien gehört zu Haus und Garten immer auch fließendes Wasser, weswegen im Garten mehrere kleine Teiche und plätschernde Brunnen zu finden sind.

TIPP

PRIMAVERA bietet Führungen an und veranstaltet das beliebte Rosenfest im Juni (Termine auf der Website).

Im Sommer, wenn die Rosen in allen Farben blühen, der Lavendel und die übrigen Kräuter die Luft mit ihrem Duft erfüllen und die Schmetterlinge, Bienen und Hummeln glücklich von Blüte zu Blüte schwirren, ist ein Aufenthalt in diesem Garten wahrhaft paradiesisch. Man spaziert auf kleinen Wegen durch die sorgsam gehegte Blütenpracht, saugt die aromatischen Düfte ein und bewundert den Einklang zwischen Gebäude, Garten und Umgebung. Ein paar Ideen für den eigenen Garten oder Balkon gibt es hier auf jeden Fall zu finden und zu vermerken. Dabei sind die Pflanzen in diesem Garten keineswegs besonders exotisch: Hier blühen auch „ganz gewöhnliche“ Gewächse wie Schmetterlingsstrauch und gemeine Hundsrose, Ehrenpreis, Borretsch und Goldgarbe – die heimische Natur hat reichlich Schönes und Duftendes zu bieten. Aber eigentlich möchte man hier gar keine eigenen Gartenpläne schmieden, sondern immer nur schauen, schnuppern und sich an diesem Paradiesgarten erfreuen.

- Rosen- und Heilkräutergarten PRIMAVERA, Naturparadies 1, 87466 Oy-Mittelberg, www.primaveralife.com
- ÖPNV: Bahnhof Oy-Mittelberg, ca. 1,2 Kilometer Fußweg

# Sprühende Energie

## 23 Am Wasserfall in der Höllschlucht bei Pfronten

Wildes Wasser stürzt sich weiß-schäumend und tropfensprühend eine Felswand hinunter, um in einem schmalen Bachbett zu landen und fröhlich talwärts zu rauschen. Es wirkt, als würde es direkt aus dem hellblauen Himmel quellen, der zwischen den Bäumen hoch oben zu erspähen ist und von Sonne und Wärme kündet. Unten, am Fuße des Wasserfalls, ist es auch an warmen Tagen schattig und kühl. Und doch wirkt dieser Ort nicht abweisend oder unfreundlich, sondern er sprüht nur so vor ansteckender Energie und Lebensfreude. Man muss einfach innehalten, dem Rauschen des Wassers lauschen, seinen Fall verfolgen und die winzigen Gischttröpfchen auf der Haut spüren.

Welche Gewalt der Steinbach und sein Wasserfall haben können, zeigen die geborstenen Baumstämme, die sich im Bachbett und an seinem Ufer sammeln. Der manchmal unbezähmbaren Wildheit verdankt die Höllschlucht, die das Wasser in die Flanke des Edelsbergs gegraben hat, wohl ihren Namen. Wer an freundlichen Tagen durch die Schlucht aufsteigt, wird sich dagegen dem Himmel weitaus näher fühlen als der Hölle.

Der Aufstieg am Steinbach beginnt sanft und hat zur Einstimmung bereits mehrere kleine Wasserfälle zu bieten. Nach einem steileren Wegstück belohnt der große Wasserfall für die Mühen. Danach geht es nochmals ordentlich aufwärts, bevor man den Wald verlässt und auf die teils moorigen Alpweiden der Kappeler Alp stößt. Bei einer großzügig bemessenen Portion Kaiserschmarren und einem großartigen Panoramablick über Pfronten, den Weißensee und in die Ammergauer Alpen fühlt man sich endgültig im Wanderhimmel angekommen.

Der Steinbach schiebt übrigens nicht nur Steine talwärts, sondern liefert auch die Energie für eine Steinkugelmühle, mit der man früher Kanonenkugeln und Ballastkugeln für Schiffe in Form schliff. Am Beginn des Weges in die Höllschlucht kommt man an ihr vorbei.

**TIPP**

Infos zur Steinkugelmühle und Termine für Mühlenvorführungen gibt es unter www.steinkugelmuehle.de.

- Höllschlucht, 87459 Pfronten
- ÖPNV: Haltestelle Kappel, ca. 700 Meter Fußweg

# Winterwandersee

## 24 Eine Spazierrunde um den Grüntensee bei Wertach

Manche Seen entfalten ihren vollen Zauber erst im Winter, wenn nicht mehr das Grün die Umgebung dominiert, sondern die Landschaft sich wie ein Pastell aus Weißgraublautönen um die Wasserfläche schmiegt. Wenn viel weniger Menschen draußen unterwegs und die Aktivitäten nicht mehr lustig und laut sind, sondern still und achtsam. So ist das beim Grüntensee, der zwischen den Gemeinden Oy-Mittelberg und Wertach liegt. Er ist übrigens nicht natürlich entstanden, sondern erst im Jahr 1962, als die Wertach in ihrem Flusstal aufgestaut wurde; die Staumauer liegt am nordöstlichen Ufer.
Im Sommer herrscht am See oft ein reges und fröhliches Treiben, vor allem am Südwestufer auf dem Camping- und Wohnmobilstellplatz mit schöner Badestelle. Am nordöstlichen Ufer nahe Haslach ist im Kletterwald Grüntensee zwischen den Baumwipfeln ebenfalls ordentlich was los und daneben liegt eine weitere Badestelle, von der aus man auch mit Kanu oder SUP den See befahren kann.
Wie anders alles wirkt, wenn der Winter eingezogen ist und die Sonne nicht scheint. Der Kletterwald ist geschlossen, es sind nur ein paar wetterfeste Camper da. Die Wasserfläche wird höchstens von einigen Enten und einem kühlen Windhauch bewegt. Ruhig ist es, man hört nur das Knirschen der Schritte und die gedämpften Unterhaltungen der wenigen Spaziergänger, die einem auf dem Wanderweg um den See begegnen. Nach jeder Biegung gibt es etwas unspektakulär Schönes zu entdecken: dürre Binsen, die im Wind rascheln, Berberitzenbeeren, die einen roten Farbklecks ins Winterpastell setzen, ein abgebrochener oder vom Biber abgenagter Ast, der wie eine Skulptur wirkt. Und natürlich die Spiegelung des Grünten auf der Wasserfläche, des Berges, der wegen seiner herausgehobenen Alleinlage den Beinamen „Wächter des Allgäus“ trägt und dem der See seinen Namen verdankt.
Rund 2 Stunden dauert die Runde um den Grüntensee. Eine zauberhafte Winterseenwanderung, die Körper und Seele glücklich macht.

TIPP
Wenn genügend Schnee liegt, wird rund um den Grüntensee eine Langlaufloipe gespurt. Traumhaft schön!

- Grüntensee zwischen 87497 Wertach und 87644 Oy-Mittelberg
- ÖPNV: Haltestelle Wertach Campingplatz

# Zu Füßen der Hohen Wand

## 25 Im Eistobel bei Grünenbach

Der Erwärmung nach der letzten Eiszeit ist es zu verdanken, dass der Abfluss eines Schmelzwassersees diese Schlucht in den Boden gefräst hat, die zu Recht als eines der 100 schönsten Geotope Bayerns ausgezeichnet wurde. Heute plätschert das (meist) harmlose Flüsschen Argen hindurch, das sich hier nach Herzenslust vergnügen darf: Es rutscht über kleinere Felsstufen oder rauscht als großer Wasserfall abwärts, zwängt sich durch Engstellen, ergießt sich in tiefe, runde Strudellöcher und plätschert an breiten Kiesbänken entlang.

Für Wanderer ist es ein Vergnügen, diese Schlucht zu erwandern und einen Glücksort nach dem anderen zu entdecken. Hier die kleinen Wasserfälle und kreisrunden Strudeltöpfe im harten Nagelfluhgestein, auf dem man herumklettern und die Kraft des Wassers aus der Nähe erspüren kann. Dort der Große Wasserfall, der mächtig rauscht und sich von einem Aussichtspunkt (beschildert als „Fotoweg") bewundern lässt. Dann die beeindruckende Engstelle, der Zwinger, den man von einem Aussichtssteg aus bestaunen kann. Und schließlich die Hohe Wand – etwa 50 Meter hoch ragt die fast senkrechte Sandsteinwand über dem Flüsschen empor! Ihr gegenüber liegt eine große Kiesbankhalbinsel, die als Platz zum Picknicken, Sonnenbaden, Herumwaten, Pritscheln und Ruhen einfach unwiderstehlich ist. Man könnte noch lange weiterwandern, bis zum Schüttentobel im Süden oder auf verschiedenen Rundwegen. Aber eine kurze Pause muss an der Hohen Wand schon sein. Vielleicht auch eine längere …

Wer sich auf die Verlockungen dieses Ortes einlässt, entdeckt ebenso die auf den ersten Blick weniger auffälligen Naturschönheiten, die er zu bieten hat: Im Flussbett hüpfen Wasseramseln herum, die auf der Suche nach Kleinstlebewesen zum Futtern sogar schwimmen und tauchen können. Wie fliegende Edelsteine schwirren Blauflügel-Prachtlibellen am Ufer entlang und Große Schillerfalter, eine Schmetterlingsart, mit metallisch blau schimmernden Flügeln. Die Natur ist wahrlich eine Künstlerin!

- Eistobel, Hauptstraße, 88167 Grünenbach
  www.eistobel.de
- ÖPNV: Haltestelle Eistobelbrücke

# Alpe mit Traumsicht

26

## Wachters Alpe über dem Niedersonthofener See

Ein Riese ist der Stoffelberg mit seinen 1063 Metern zwar nicht, aber er liegt prominent über dem Niedersonthofener See und ist ein beliebter Aussichtsberg, der sich auf mehreren Routen er- und umwandern lässt. Auf seinem langen Rücken liegt Wachters Alpe: eine typische, gemütliche Alphütte, dazu eine seewärts gelegene Terrasse mit gut beschirmten Stühlen und Tischen. Bei Familien ist sie beliebt, weil es einen netten Spielplatz und eine Art Streichelzoo mit Ponys, Ziegen und Hasen gibt. Außerdem dauert der Aufstieg vom Parkplatz der Alpe bei Hupprechts nur etwa eine halbe Stunde, ist also auch für Kinder und Nicht-Superfitte gut zu machen.

Zunächst wandert man auf Asphalt durch Hupprechts, dann zweigt bei Ettlis ein (beschilderter) Wirtschaftsweg ab, der in einem weiten Linksbogen durch die Alpweiden und schließlich zur Alphütte führt. Trotz der geringen Höhe – Wachters Alpe liegt auf etwa 860 Meter über Normalnull – herrscht hier eine authentisch alpine Atmosphäre. Es gibt gute Brotzeiten und Kuchen, kalte Getränke und Kaffee in Selbstbedienung und eine wunderbare Aussicht gratis dazu. Man blickt auf den Nieso, wie der Niedersonthofener See liebevoll genannt wird, über sein bewaldetes Südufer, über die Höhenzüge dahinter und die Alpengipfel, unter denen der Grünten wie so oft herausragt. Von hier oben wirkt der Wasserspiegel ganz glatt, vereinzelte Segelboote sehen darauf wie kleine, helle Tupfen aus.

*Schumpen* (Jungrinder) grasen unter dezentem Gebimmel am steil abfallenden Hang, Kinder schaukeln wild auf dem Spielplatz oder reiten auf dem Holzpferd, das ebenso entspannt auf den See und die Berge blickt wie die erwachsenen Gäste. Die Aussicht ist postkartenschön, die Atmosphäre heiter. So zieht Ruhe in die Seele ein, bei einem Aufenthalt auf der Alpe mit Seeblick …

TIPP

Am ruhigsten ist es auf der Alpe im Frühjahr oder Herbst oder am späten Nachmittag.

● Wachters Alpe, Ettlis (Parkplatz: Hupprechts 42, ca. 1,7 Kilometer Fußweg), 87448 Waltenhofen, Tel. (01 70) 7 34 71 26
www.wachters-alpe.de

Zötler Bier
Zötler Bier
natürlich, sympathisch, frisch

# Land Art für alle

## 27 Das Steinmännchenufer an der Breitach

Künstlerische Anteile stecken bekanntlich in jedem Menschen. Manchmal kommen sie an ungewöhnlichen Orten zum Tragen; die Kunstrichtung der Land Art nutzt beispielsweise die Landschaft als Kunstraum, den sie umgestaltet. Die Kiesbank an der Breitach, die ein Stückchen östlich von Müllers Alpe liegt, muss ein ganz besonderer Land-Art-Kraftort sein: Sie regt offensichtlich besonders viele Menschen dazu an, sich künstlerisch als Steinmännchenbauer zu betätigen.

Das Ausgangsmaterial stellt das Gebirgsflüsschen großzügig zur Verfügung – schöne runde und flache Kiesel in allen Größen und verschiedenen Farben. Aus ihnen bauen die Breitachwanderer im Lauf des Jahres eine ganze Flut an Steinmännchen: dicke und dünne, hohe und niedrige, manche aus drei Steinen, andere aus 20, manche kerzengerade, manche gebogen, einige pyramidenförmig, andere fast stabförmig. Wie eine skurrile Parade bevölkern Hunderte von ihnen die Kiesbank und zeugen von der Spielfreude und der Kreativität ihrer Erbauer. Im Hochsommer stehen die Steinmännchen trockenen Fußes auf der Kiesbank, bei Regen werden sie zu dekorativ umspülten Inseln. Das alljährliche Frühjahrshochwasser zerlegt sie dann wieder in ihre Einzelteile, bis zu Beginn der Wandersaison das ganze Spiel von vorn beginnt.

Für das Steinmännchenufer sollte man auf einer Wanderung durch die Breitachklamm (Glücksort 46) ins Kleinwalsertal oder umgekehrt genügend Zeit einplanen: Es macht einfach Freude, die kleinen Kerlchen auf der Kiesbank zu betrachten und vorsichtig zwischen ihnen einherzuschreiten. Der Impuls, Fotos von ihnen zu machen, ist fast unwiderstehlich. Und dann bekommt man unweigerlich Lust, selbst ein bisschen Baumeister zu spielen. Es sind auch garantiert noch genügend Kieselsteine da, um das Steinmännchenufer um ein weiteres originelles Geschöpf zu bereichern und damit am gemeinsamen Land-Art-Kunstwerk mitzuwirken.

● Ufer der Steinmännchen, 87561 Oberstdorf

# Die Seegenussterrasse

28

## Einkehr im Restaurant Elbsee bei Aitrang

Sonnenschein und Seeblick sind Zutaten, die einen Kaffee oder auch einen Sundowner zum ganz besonderen Hochgenuss machen – noch dazu, wenn es sich um einen so idyllischen See handelt wie den Elbsee bei Aitrang. Außer dem Restaurant am Nordufer und der Freibadeanstalt am nördlichen Ostufer gibt es am See keine Bebauung, nur Natur. Und zwar besonders wertvolle Natur: Feuchtwiesen, Röhricht und Moor im Westen werden von der Allgäuer Moorallianz, einem Naturschutzgroßprojekt, betreut. Dort blühen seltene Pflanzen wie die Sibirische Schwertlilie und leben bedrohte Schmetterlingsarten wie der Hochmoorgelbling und der Dunkle Wiesenknopf-Ameisenbläuling. Ein etwa 7 Kilometer langer Rundweg führt um den See. Durchs Moor im Westen verläuft er als Holzsteg, von dem aus man das Ökotop betrachten kann, ohne es zu schädigen.

TIPP

Im Sommer gibt es abends manchmal Livemusik und wer mag, kann am Restaurant ein Ruderboot leihen.

Durch dieses Gebiet zieht sich auch der kleine Elbbach, dem der See seine Existenz und seine braune Farbe verdankt. Wer hier als „Neuling“ baden will, muss sich zunächst daran gewöhnen, dass das Wasser weder blau noch klar, sondern eben moorig trüb ist. Dafür ist es angenehm weich auf der Haut und erwärmt sich im Frühjahr schnell.

Touristisch ist das Gebiet nicht sehr bekannt, am Elbsee spazieren und baden vorwiegend Einheimische aus der Umgebung und die Nutzer des nahe gelegenen Campingplatzes. Das Restaurant Elbsee zieht wegen seiner exquisiten Lage und seiner wunderbaren Seeterrasse allerdings bei schönem Wetter durchaus viele Besucher an. Da die Terrasse ziemlich groß ist, findet meist trotzdem jeder sein Genussplätzchen darauf. Dank der flinken und freundlichen Servicekräfte bekommt man auch schnell das Getränk oder die Speisen seiner Wahl. Und dann heißt es: nippen, zurücklehnen, die Sonne auf der Haut spüren, auf den See hinausblicken und den Moment mit allen Sinnen genießen.

● Restaurant Elbsee, Am Elbsee 1, 87648 Aitrang, Tel. (0 83 43) 3 30
www.restaurant-elbsee.de

19 E
14
8 E

# Das Brückenfaszinosum

## 29 Die Naturbrücke am Schwarzwasserbach

Brücken zu bauen und damit Verbindungen zwischen Ufern und Menschen zu schaffen, ist eine Errungenschaft, die man ausschließlich dem menschlichen Erfindungsreichtum zuschreibt. Das ist aber ein Irrtum. Der Beweis findet sich in einem Waldstück unweit von Riezlern im Kleinwalsertal. Dort hat sich die Natur selbst als Baumeisterin betätigt und eine Brücke über den Schwarzwasserbach gebaut, die so schön ist, dass menschliche Brückenbauer sich daran ein Beispiel nehmen könnten – oberhalb der Brücke stürzt der Bach in einem bezaubernden kleinen Wasserfall über eine ein paar Meter hohe Steinstufe. An deren Fuß hat das Wasser das umgebende Gestein zu einem Kessel geformt und sich mit beharrlicher Kraft nach und nach einen tunnelförmigen Ausgang durch die felsige Kesselwand gebrochen. Nachdem das geschafft war, strömte das Wasser wieder in sein Bachbett, in dem es in nordwestlicher Richtung weiterplätschert und sich schließlich in die Breitach ergießt. Das Gestein oberhalb blieb erhalten und wurde zur Naturbrücke.

Damit sie für Wanderer sicher zu überqueren ist, hat man mit etwas Technik nachgeholfen: Man erreicht sie von der einen Seite über eine Metallleiter, von der anderen über eine Treppe. Das Stück dazwischen ist durch Geländer gesichert. Das ist vermutlich ganz gut so, denn das Schauspiel aus Wasserfall und Bach vor der Gesteinskulisse ist für Betrachter so fesselnd, dass man vor lauter Schauen und Staunen leicht von der Brückentribüne fallen könnte.

Das Wasser schimmert in geheimnisvollem Blaugrün und betört mit seinem Rauschen die Ohren, es zerstäubt zu kleinsten Tröpfchen und kühlt die Luft. Das herabfallende Licht malt Muster aufs Wasser und die Felswände. Ein ganz besonderer Zauber geht von diesem Ort aus, an dem man gerne verweilen möchte. Ob hier Nymphen oder Elfen hausen? Wer weiß …

**TIPP**
Von der Naturbrücke aus kann man in beide Richtungen weiter am Schwarzwasserbach entlangwandern.

- Naturbrücke am Schwarzwasserbach, 6991 Riezlern (Österreich)
- ÖPNV: Haltestelle Kleinwalsertal Erlebach, ca. 650 Meter Fußweg

# Tiefblaues Schauglück

30

## Am Alpseeblick bei Immenstadt

Es gibt Aussichtspunkte, von denen aus man einen schönen Blick in die Umgebung hat, diesen kurz aufnimmt und dann weitergeht. Und dann gibt es Aussichtspunkte, an denen man gar nicht anders kann, als zu verweilen. Man muss sich einfach ein Plätzchen zum Hinsetzen suchen, sich niederlassen und nicht nur ein bisschen gucken, sondern das Gesehene in sich aufnehmen, gewissermaßen aufsaugen. Ein Aussichtspunkt der zweiten Art ist der Alpseeblick unweit der Thaler Höhe bei Immenstadt.

So viel landschaftliche Schönheit ist nur mit Muße zu erfassen: Man blickt auf das tiefblaue Oval des Großen Alpsees und erhascht dahinter noch ein Fleckchen des Kleinen Alpsees. Umrahmt sind die Seen von Bergen. Zur Rechten ragt das dunkel bewaldete Immenstädter Horn auf, in gerader Linie hinter den Seen erhebt sich mächtig der Grünten, der „Wächter des Allgäus". Noch weiter im Hintergrund schieben sich grauzackige Gipfel dem Schönwetterhimmel entgegen. Musikalisch begleitet wird dieses herrliche Landschaftsbild vom fröhlichen Gebimmel der *Schumpen* (so heißen die Jungrinder im Allgäu), die unbeeindruckt von der Aussicht das Gras auf dem Hang abweiden.

Weil praktisch niemand an diesem Aussichtspunkt ohne Schaupause vorbeigehen kann, hat man dort eine Bank und eine Panoramaliege aufgestellt. Wenn diese schon belegt sind (was sehr oft der Fall ist), kann man sich aber auch einfach ins Gras setzen und das Seen-und-Berge-Schauglück genießen.

Dass man das in aller Ruhe tun kann, liegt auch daran, dass man nur zu Fuß oder mit dem Rad zum Alpseeblick gelangen kann. Dabei stehen verschiedene Routen zur Wahl: Die kürzesten führen von Trieblings am Großen Alpsee oder von Missen über die Pfarralpe hinauf; in der Pfarralpe kann man auch sehr gut einkehren.

TIPP

Weitere betörend schöne Aussichtspunkte gibt es an der Thaler und der Salmaser Höhe.

● Alpseeblick, 87509 Immenstadt, ca. 650 Meter Fußweg von der Pfarralpe

# Klein-Kanada

## 31 An der Iller zwischen Kardorf und Ferthofen

Man mag sich zunächst wundern, warum ausgerechnet an der im Unterallgäu zwischen Staustufen eingezwängten Iller ein Abschnitt liegen soll, der von den Einheimischen „Klein-Kanada" genannt wird. Wer aber einmal am rechten Illerufer von Kardorf nach Ferthofen gewandert ist, wird diese Bezeichnung doch treffend finden. Zunächst spaziert man am Illerdamm entlang, von dem aus man einen weiten Blick über den Kardorfer Stausee mit seinen von Wasservögeln umschwärmten Inselchen hat. Der Uferweg wirkt aber nüchtern und kahl – jedenfalls so lange, bis man das Stauwehr am Kraftwerk Lautrach passiert hat, dem der See seine Entstehung verdankt.

Danach umrundet man noch eine Fischtreppe und gelangt auf einen schmalen Pfad, der durch wild wucherndes Grün nah am Ufer verläuft. Ab hier wähnt man sich urplötzlich in einer völlig anderen, deutlich wilderen Gegend. So üppig ist die Vegetation, dass man den Fluss auf manchen Passagen gar nicht zu sehen bekommt. Aber wo sich Ausblicke ergeben, zeigen sie keinen kanalartigen Fluss, sondern natürliche Wildnis – auf Sandbänken haben sich Baumstämme und kleinere Treibhölzer verkeilt, die zu Inselchen emporwachsen und Wasservögeln als Sitzmöglichkeiten dienen. Abgestorbene Bäume ragen in bizarren Formen aus dem seichten Wasser im Uferbereich. Auf dem vermeintlich toten Holz wuchern Moose und andere Pflanzen, dazwischen gründeln Enten und Schwäne. Hier regiert die Natur, man spürt ihren Reichtum und den ewigen Kreislauf von Werden und Vergehen.

Nur das Bootshaus am gegenüberliegenden Ufer kündet von der nahen Zivilisation. Dann gelangt man auf ein Wiesenstück und sieht, wie sich der Fluss vor der nächsten Staustufe am Wasserkraftwerk Aitrach weitet. Das letzte Stück dorthin wandert man wieder durch den Wald. Bei höherem Wasserstand wirkt das Tosen der über das Wehr stürzenden Iller nochmals richtig wild, bevor sie wieder brav dahinplätschert. Klein-Kanada ist durchquert, nun geht es hinauf zur Brücke nach Ferthofen oder auf demselben Weg wieder zurück.

**TIPP**

Wer den Weg ausbauen will, folgt der Illerstausee-Runde (www.allgaeu.de/illerstausee-runde).

- Ufer der Iller, 87758 Kronburg
- ÖPNV: Haltestelle Kardorf

# Munteres Trio

32

## Die Scheidegger Wasserfälle

Das beliebte Ausflugsziel, das nördlich des Ortes Scheidegg liegt, gehört zu den 100 schönsten Geotopen Bayerns. Bei der Annäherung an das Gelände sieht man nur ein Waldstück und einen kleinen Bach, nichts Ungewöhnliches. Allenfalls der großzügige Parkplatz lässt vermuten, dass da doch etwas Besonderes zu entdecken ist. Erst beim Abstieg zum Kassenhäuschen und in den Tobel wird nach und nach erkennbar, was für einen außergewöhnlichen Ort der unscheinbare Rickenbach hier geschaffen hat: Zunächst nimmt er Anlauf in einem kleinen Wasserfall, ergießt sich dann durch den von ihm geformten Tobel, um schließlich dramatisch über zwei 22 und 18 Meter hohe Gesteinsstufen in die bis zu 200 Meter tiefe Rohrachschlucht zu stürzen.
Die Rohrachschlucht selbst ist nicht begehbar und mit ihren ursprünglichen Hangwäldern, Nasswiesen und Felsflächen als Naturschutzgebiet und Naturwaldreservat geschützt. Die beiden großen Wasserfälle hingegen kann man von mehreren Aussichtsplattformen aus ausgiebig bewundern, die über Treppen (insgesamt 200 Stufen!) zu erreichen sind. Es macht Freude, dem schier unerschöpflich hinabrauschenden Wasser zuzusehen.
Während das Wasserfallspektakel vor allem die Erwachsenen entzückt, lieben Kinder das Geotop wegen des Wasserspielplatzes, der über einen hydraulischen Widder mit Nachschubnass versorgt wird. Kleine Naturforscher mögen auch den Geo-Erlebnispfad mit seinen Ausprobierstationen. Ganz bezaubernd ist der Märchenwald, den man in Begleitung eines Hörspiels (es kann vor Ort per QR-Code aufs Handy geladen werden) entdecken kann und nebenher noch etwas über Pflanzen und Tiere im Bergwald lernt. Auch im Märchenwald lässt sich prima spielen, während die Erwachsenen auf Panoramaliegen ausruhen. Das Geotop ist dank der Unermüdlichkeit des Rickenbachs und der behutsamen Ergänzung durch Spiel-, Lern- und Entspannungselemente ein Ort, an dem man die Natur sowohl genießen als auch aktiv erleben kann. Von April bis Oktober ist es täglich geöffnet.

TIPP

Wer mag, kann den Besuch im Geotop noch mit einem Rundgang durch den Reptilienzoo Scheidegg verbinden.

- Scheidegger Wasserfälle, Fürstenmühle 1, 88175 Scheidegg
www.scheidegg.de/scheidegger-wasserfaelle
- ÖPNV: Haltestelle Gretenmühle

# Am Frischefischeteich

## 33 Der Greither Weiher im Tannheimer Tal

Eine Fischerhütte am See ist eigentlich immer ein Ort, den man mit Entspannung in der Natur verbindet. Na gut, der Greither Weiher ist ein bisschen zu klein für einen See, aber das schlangenförmige Gewässer liegt inmitten von Wald und Wiese, direkt am Radweg durchs Tannheimer Tal. Ruhe bietet es auch, weil es nur zu Fuß oder mit dem Rad erreicht werden kann. Sein Wasser, das aus dem Gebirgsflüsschen Vils stammt, ist so glasklar, dass man seine geschuppten Bewohner beim Herumschwimmen und Nach-den-Fliegen-Springen beobachten kann. Forellen und Saiblinge sind es, die dort nach ihrer Beute jagen. Bis sie selbst zur Beute werden.

Der Greither Weiher ist nämlich nicht nur ein Fisch-, sondern auch ein Fischerteich, der dem Fischereiverein Tannheimer Tal gehört. Wer mag, kann seine eigene Angel mitbringen (oder sich vor Ort eine ausleihen) und sich seine nächste Mahlzeit selbst herausfischen. Auf den hölzernen Plattformen angeln ältere Herren ebenso wie Jugendliche oder Väter mit Kindern, die aus der Nahrungsbeschaffung ein kleines Abenteuer machen. Wer seine Nahrungssuche nicht ganz so aktiv betreiben will, kann frischen und geräucherten Fisch an der Fischerhütte kaufen (Frischfisch nur auf Vorbestellung). Oder er nimmt an einem der Tische draußen Platz und bestellt sich in freundlicher Selbstbedienung eine Räucherforelle oder einen Räuchersaibling mit Meerrettich (in Österreich: *Kren*) und Brot oder Kartoffelsalat zum Verzehr vor Ort. So fest und aromatisch wie hier bekommt man Räucherfisch selten, er schmeckt einfach köstlich. Kaffee und Kuchen, Wein und Bier gibt es an der Hütte auch, dazu einen Spielplatz für kleinere Kinder.

Angeln ist eine entschleunigende Beschäftigung, den Anglern zuzusehen ist es ebenfalls. Man atmet automatisch etwas ruhiger, nimmt die Spiegelungen im Teich und die Bewegungen im Wasser bewusster wahr und freut sich an der schönen Umgebung und der natürlich guten Mahlzeit. Wie gut das einfache Leben doch tut.

TIPP

Der angrenzende Radweg verläuft auf 19 fast steigungsfreien Kilometern zwischen Nesselwängle und Schattwald.

- Greither Weiher, Untergschwend 13, 6675 Tannheim (Österreich), Tel. +43 (6 64) 73 92 29 06
- ÖPNV: Haltestelle Zöblen Gemeindeamt, ca. 1 Kilometer Fußweg

# Quellheiligtum

## 34 Die Mariengrotte bei Köngetried

Im Katzbruital zwischen Köngetried und Bittenau im Unterallgäu entspringen etliche kleine Quellen, die sich zum Katzbruibach vereinen. So üppig quillt das Wasser aus dem in Nord-Süd-Richtung verlaufenden Hang, dass die Vegetation dort rundum dicht wuchert und immer eine feuchte Kühle herrscht. Eine Wanderung durchs kleine Tal bedeutet ein Eintauchen in eine verwunschen wirkende Welt, in der die Zeit stillzustehen scheint.

Nur eine Viertelstunde vom Dorf Köngetried entfernt steht mitten im üppigen Hanggrün eine Mariengrotte, unter der eine Quelle entspringt und durch moosbewachsenes Gestein zum Talgrund plätschert. Sie treibt ein kleines Wasserrad an, das keinem besonderen Zweck dient, aber hübsch anzuschauen ist. Wie in diesen an die berühmte Lourdesgrotte angelehnten „Höhlenheiligtümern" üblich, kniet unter einem steinernen Bogen eine Frauengestalt inmitten von Blumen vor einer Marienfigur, die von einem Strahlenkranz geschmückt ist. Hinauf führt ein Fußweg samt Steg, der offensichtlich von ebenso liebevollen Händen gepflegt wird wie die eigentliche Grotte. Unterhalb steht eine Ruhebank mit einer Holztafel, an der Gebetstexte angebracht sind.

Einheimische aus der näheren Umgebung kommen gerne zur Grotte, um dort zu verweilen und vielleicht auch ein Gebet zu sprechen. Manche füllen Quellwasser in kleine Fläschchen ab, da ihm eine heilsame Wirkung nachgesagt wird. Aber auch wer nicht christlich gläubig ist oder wem die traditionelle Marienverehrung fremd ist, fühlt, dass es sich bei diesem kleinen Quellheiligtum um einen Kraftort handelt: Wie das Leben selbst quillt das Wasser aus scheinbar totem Grund hervor und sucht sich unverdrossen seinen Weg, der vielleicht unvorhersehbare Windungen nimmt, aber schließlich doch in ein großes Ganzes eingeht. Wer darüber ein bisschen meditiert, spürt, wie dieser Ort die Seele berührt.

TIPP

Die Tour mit einer Einkehr im nahe gelegenen gemütlichen Ausflugsgasthof Katzbrui-Mühle verbinden.

● Mariengrotte, von Köngetried über Dorfstraße und Sägenberg, 87742 Apfeltrach

# Entenhausen

## 35 Im Jordanpark Kaufbeuren

Es ist keineswegs so, dass nur München mit einem schönen und beliebten Englischen Garten mitten in der Stadt prunken kann. Nein, das Ostallgäuer Städtchen Kaufbeuren kann ebenfalls mit einem englischen Landschaftsgarten aufwarten. Der ist zwar mit 2,7 Hektar deutlich kleiner als der Münchener, aber er hat ebenfalls einen Monopteros zu bieten, zudem einen großen Abenteuerspielplatz, einen Biergarten und ein Gartencafé. Und natürlich Wasser, denn das gehört in einem solchen Park einfach dazu.

Ursprünglich lag zwischen dem Bahnhof und der Kaufbeurer Altstadt eine sumpfige Senke, in der mehrere Quellen entsprangen, die sich zum Jordanbach vereinigten und wichtig für die Trinkwasserversorgung der Stadt waren. Ab 1881 wurde das Gelände zu einem Park umgewandelt und nach und nach erweitert. Die Quellen fasste man in Teiche und Bachläufe, baute Springbrunnen ein und legte einen Eisplatz an, der ab 1893 (!) beleuchtet wurde. Den Eisplatz ersetzte später ein Eisstadion, das inzwischen jedoch abgerissen und an anderer Stelle neu errichtet wurde. Seit 2023 liegt auf diesem Areal der beliebte Abenteuerspielplatz.

TIPP

Im Biergarten KulT-UriG im Jordanpark gibt es im Sommer abends oft Livemusik.

Die alten Bäume, Teiche und Springbrunnen gibt es aber noch wie seit über 100 Jahren. Die mächtigen Baumkronen verwandeln den Park im Sommer in einen schattig-grünen Naturpalast mitten in der Stadt. Auf den Rasenflächen dösen Paare, picknicken Familien, spielen Kinder, machen Entspannungsuchende Yogaübungen. Auf den Teichen ziehen Enten ihre Runden, unbeeindruckt von den Menschen und den anmutig plätschernden Fontänen.

Für die Enten stehen in den Teichen Holzhäuschen, die mit liebevoller Detailfreude gestaltet wurden, samt Treppe und Veranda. Dorthin können sich die gefiederten Parkbewohner zurückziehen, wenn sie Schutz oder Ruhe suchen. Wer im Alltag mal runterkommen will, hat es hier leicht: Man setzt sich an einen Teich im Jordanpark, sieht dem Spiel der Fontäne und der Enten zu und lässt sich von der heiteren Stimmung anstecken, die im idyllischen Entenhausen herrscht.

- Jordanpark, 87600 Kaufbeuren
- ÖPNV: Bahnhof Kaufbeuren

# Die Dramaqueen

## 36 Die Starzlachklamm bei Sonthofen

Die Breitachklamm ist größer, länger, tiefer und viel bekannter als die Starzlachklamm. Aber an Dramatik kann die Kleine bei Sonthofen allemal mithalten und die Berühmte bei Oberstdorf sogar übertreffen; der Weg zum Klammeingang ist länger, er führt über schmale Pfade an urwüchsigen Flussauen vorbei und lässt die Spannung steigen. Dann ein Wow-Punkt als Auftakt zum ersten Klamm-Akt: Die Starzlach fließt nicht einfach so heraus, nein, sie rauscht als 12 Meter hoher Gleitwasserfall in eine Gumpe – ein hinreißender Auftritt!

Oberhalb der Gumpe steht eine Hütte. Das ist der Klammwirt, bei dem man eine Stärkung bekommen kann und den Eintritt entrichtet. Die Starzlachklamm wird nämlich vom Tourismusverein Sonthofen unterhalten und ist dafür auf die Einnahmen angewiesen. Der Weg durch die Klamm ist steinig und teilweise schmal, aber immer gut gesichert. Er steigt zunächst an, sodass man einen guten Blick auf das Flussbett hat. Wobei es kein sehr bequemes Bett ist, eher ein tiefer Spalt, den sich das Wasser da gegraben hat. Wo er sich weitet, haben sich Gumpen und Strudellöcher gebildet. Dann rücken die Felswände wieder eng zusammen, stürzt das Wasser über glattpolierte Felsstufen und Gesteinsbrocken. Über einem nicht so hohen, aber wild tosenden Wasserfall führt ein Steg auf die andere Seite: Es zischt, gurgelt und sprüht unter den Füßen. Was für eine fantastische Inszenierung!

TIPP

Wer die Klamm mal von ganz unten erleben will, kann das auf einer Canyoning-Tour tun.

Wer die Klamm nun verlassen und zur Alpe Topfen über 300 Höhenmeter hinaufwandern will, wird noch herzlich verabschiedet, der Ausstieg führt nämlich durch ein herzförmiges Felsentor. Man kann aber auch einfach denselben Weg zurückgehen und all die Wow-Punkte aus der entgegengesetzten Perspektive betrachten und neu genießen. Besonders schön ist die Starzlachklamm übrigens im Herbst, wenn sich das Laub färbt und einen reizvollen Kontrast zu Fels und Wasser bildet. Geöffnet ist die Klamm von Mai bis zum 1. November.

- Starzlachklamm, Winkel, 87527 Sonthofen
- ÖPNV: Haltestelle Starzlachweg, ca. 2 Kilometer Fußweg

# Ruine über dem See

## 37 An der Burg Hopfen bei Füssen

Was für eine Lage! Auf einem Felssporn hoch über dem Hopfensee thronte die steinerne Burg mit starken Mauern und einem mächtigen quadratischen Turm. Schon damals muss die Aussicht von dort oben grandios gewesen sein. Das war aber nicht der Grund, warum die älteste Steinburg des Allgäus – sie stammt vermutlich aus dem 11. Jahrhundert – in dieser markanten Lage erbaut wurde. Sie sollte nämlich vor allem von unten, vom Dorf und der Straße nach Füssen aus imposant wirken. Beim Burgenbau zielte man darauf ab, im Land Präsenz zu zeigen und den eigenen Macht- und Herrschaftsanspruch zum Ausdruck zu bringen. Dazu eignete sich eine weithin sichtbare Anlage bestens, noch dazu, wenn sie offenbarte, dass die Erbauer buchstäblich steinreich waren.

**TIPP**
Wer mag, kann von der Ruine zum Faulensee weiter- und über Enzensberg zurückwandern.

Allerdings war der Burg Hopfen kein sehr langes Leben beschieden, nach Burgenmaßstäben jedenfalls. Nach einigen Umbauten und Modernisierungen wurde sie im Dreißigjährigen Krieg weitgehend zerstört. Um 1700 brach man die größeren Gebäudereste ab, um Steine für den Umbau des Klosters St. Mang in Füssen zu gewinnen. Die einst so stolze Anlage geriet in Vergessenheit und wurde vom Wald überwuchert – bis sie ab 1998 wieder freigelegt und ausgegraben wurde.

Seitdem ist die Ruine zum Ausflugsziel geworden. Und das zu Recht: Einen schöneren Aussichtsplatz auf den Hopfensee gibt es nicht. Von hier oben liegt er einem blauschimmernd zu Füßen, gerahmt von grünen Wiesen, bewacht von den graublauen Bergen, deren Gipfel er widerspiegelt. Ein Panorama, in dem man am liebsten versinken möchte. Das oft lebhafte Treiben an der Hopfenseepromenade, der „Riviera des Allgäus", scheint vom stillen Logenplatz oberhalb unendlich weit entfernt zu sein. Später wird man wieder eintauchen ins pralle Leben, aber an den Mauern über dem See ist der rechte Ort zum Innehalten, Schweigen und Genießen.

- Burgruine Hopfen am See, 87629 Füssen
- ÖPNV: Haltestelle Strandbad, ca. 1 Kilometer Fußweg

# Nassvergnügen

## 38 Am Wasserspielplatz in der Neuen Welt Memmingen

Kinder lieben es, am Wasser zu spielen. In Städten haben sie dazu allerdings nur selten Gelegenheit. Anders ist das in Memmingen, wo es in der Neuen Welt einen großen Abenteuer-Entdecker-Wasserspielplatz gibt. Dort können die Kleinen auf Stegen über Teiche laufen, Wasserläufe auf diversen Geräten überklettern, ein halb versunkenes Floß erobern und mit einer archimedischen Schraube ein Becken befüllen, aus dem man das Wasser anschließend ablassen kann, um ein umgedrehtes Schöpfrad anzutreiben. An diesem Spielplatz können Familien ganze Nachmittage verbringen. Am Ende ist garantiert jemand nass, aber alle hatten eine Menge Spaß. Wo die Kinder glücklich und zufrieden sind, sind es die Eltern schließlich auch.

„Neue Welt" ist ja eine eher ungewöhnliche Adresse, aber so heißt der Stadtpark, der in Memmingen für die Landesgartenschau im Jahr 2000 an der Memminger Ach nördlich der Altstadt angelegt wurde. Das Gelände war Anfang des letzten Jahrhunderts bereits als Naherholungsgebiet genutzt worden. Nach dem Zweiten Weltkrieg baute man dort allerdings eine Kläranlage, nach deren Verlagerung platzierte man auf der Brachfläche den Bauhof und die Kompostflächen der Stadt.

Es war also eine ziemlich gute Idee, das altstadtnahe Areal am Stadtbach (wieder) in eine Parkanlage umzuwandeln. Erst recht, weil man dabei auch an Attraktionen für Kinder und Jugendliche dachte; man schuf einen Skateplatz, Beachvolleyballplätze, einen Weiher mit Wakeboardanlage, einen Biergarten, einen Abenteuerspielplatz und den großen Wasserspielplatz. So entstand tatsächlich eine Neue Welt mitten in der Stadt. Sie ist heute noch gut in Schuss und ein gut frequentiertes Naherholungsziel, das in 10 Minuten zu Fuß von der Altstadt aus zu erreichen ist.

TIPP

Im südlichen Teil des Stadtparks befinden sich Outdoor-Fitnessgeräte und eine schöne Wassertretanlage.

- Wasserspielplatz im Stadtpark Neue Welt, 87700 Memmingen
- ÖPNV: Haltestelle Neue-Welt-/Ringstraße

# Haus am See

39

## Das Hotel Waldsee in Lindenberg

Und am Ende der Straße steht ein Haus am See. Es ist in fröhlichem Weißgelb gestrichen, beherbergt 17 reizende Zimmer und ein Restaurant mit sehr guter Küche. Es liegen zwar keine Orangenbaumblätter auf dem Weg wie im Lied „Haus am See", aber Bäume gibt es reichlich und zudem eine Terrasse an der Seepromenade.

Die Lage ist buchstäblich einzigartig: Das Hotel (es geht auf das Jahr 1906 zurück) ist nämlich das einzige Haus am Waldsee. Wie der Name schon sagt, liegt der kleine Moorsee mitten im Wald, die Zufahrt endet am Hotel. Mehr Wald-See-Idylle kann man sich für eine so komfortable Unterkunft kaum vorstellen. Nachts ist es so still, dass man bei offenem Fenster wunderbar ruhig schlafen kann. Und morgens ruht der See friedlich und einladend vor der Balkontür. Selbst bei kühlem Wetter ziehen hier manchmal Frühschwimmer ihre Kreise, für weniger Hartgesottene ist schon der Ausblick erfrischend. Tagsüber kommen Jogger, Spaziergänger und Badbesucher zum Waldsee, der einer der höchstgelegenen Moorseen Deutschlands ist. Das Naturbad am Nordufer kann im Sommer kostenlos besucht werden, es gibt dort auch einen Kiosk und einen Spielplatz.

Oder man wandert gleich vom Hotel aus drauflos. Seit 2022 führt die vom Deutschen Wanderinstitut als Premiumspazierwanderweg ausgezeichnete 7-Kilometer-Runde „Moor und Wurzeln" direkt am Hotel vorbei. Sie ist mit einem grünen Logo (a – aussichtsreich) gekennzeichnet und führt unter anderem zum Hofgut Ratzenberg, wo man hochwertige Fleisch- und Wurstspezialitäten aus hauseigener Fertigung erwerben kann. Man sollte sich jedoch für den Abend noch etwas Appetit aufheben, denn das Essen im gemütlichen Hotelrestaurant Bacalau ist einfach köstlich.

Am schönsten ist es aber, sich am Waldsee einfach der Muße hinzugeben. Einfach dasitzen, schauen, die Schönheit der Umgebung in sich aufnehmen und alle Anspannung loslassen …

TIPP

Das Hutmuseum in Lindenberg ist einen Besuch wert und in 20 Minuten zu Fuß zu erreichen.

● Hotel Waldsee, Austraße 41, 88161 Lindenberg, Tel. (0 83 81) 9 26 10
www.hotel-waldsee.de

● ÖPNV: Haltestelle ZOB Lindenberg, ca. 1,4 Kilometer Fußweg

# Kunst am Strand

## 40 Die Badestelle am Karsee bei Wangen

Platz für eine Badestelle ist im Allgäu auch am kleinsten See – wie in Karsee, dem kleinsten Ortsteil von Wangen mit gerade einmal 700 Einwohnern. Zum Dorf gehört der gleichnamige See, der als Toteisloch ein Überbleibsel der letzten Eiszeit ist. Wie so oft im Westallgäu ist sein Wasser bräunlich-moorig. Umgeben ist er von Wiesen und einem Waldstück am Ostufer, auch nicht gerade ungewöhnlich. Allerdings gibt es in Karsee durchaus etwas, das Dorf und See außergewöhnlich macht: den Skulpturenweg. Bereits 2002 wurde er angelegt. Seitdem führt ein etwa 1,5 Kilometer langer Rundweg um den See und über den Kirchbuckel durchs Dorf, an dem 22 Skulpturen von verschiedenen Künstlern stehen. Der Einstieg ist am Parkplatz an der Schule, wo neben der hübschen Bronzeskulptur „Sitzendes Mädchen" eine Box mit Infoflyern aufgestellt ist. Das prominenteste Werk am Weg ist der ebenfalls sitzende Engel mit Sauerstoffflasche von Peter Lenk; es trägt den kuriosen Namen „Möchte nicht genannt werden".

Auf dem Weg zum und um den See entdeckt man ganz unterschiedliche Skulpturen, die sich mal in die Landschaft einfügen, mal einen reizvollen Kontrast zu ihr bilden. Auch am Badestrand von Karsee winkt die Kunst. Und das sogar ganz wörtlich, denn aus dem Wasser ragt die hölzerne „Ur-Baum-Hand" von Caroline Langerer. Wer hier badet, fühlt sich begrüßt und geschützt von dieser freundlichen Hand. Auf der Liegewiese kann man gemütlich entspannen, und zwar neben einer Reihe von Steinen, die wie Muscheln aufgeklappt sind. „Die Geburt der Steine" hat der Künstler dieses Land-Art-Werk getauft.

Ungewöhnlich und anregend ist das, so ein Freilichtkunstmuseum mit Strand. Oder ein Badestrand mit Kunst. Ob man ein Sonnenbad nehmen, eine Runde schwimmen, sich mit Kunstwerken auseinandersetzen oder einfach nur ein wenig ausspannen will: Am Karseestrand wird jeder glücklich.

TIPP

Einen weiteren, deutlich längeren Skulpturenweg gibt es in Maierhöfen, unweit von Isny.

● Badestelle am Karsee, 88239 Wangen
www.karsee.de, www.skulpturenweg.info
● ÖPNV: Haltestelle Karsee Rathaus

# Strandauszeit

## 41 Die Illerkiesbank bei Krugzell

„Strand“ ist vielleicht ein bisschen hoch gegriffen. Es handelt sich eher um eine lange Sand- und Kiesbank, die sich an die Innenseite der fast rechtwinkligen Linkskurve schmiegt, die die Iller kurz vor Krugzell macht. Gesäumt wird der Fluss dort von Wiesen und Wald, es gibt an der Illerkurve keine Bebauung. Auch führt keine Straße zur Kiesbank, man gelangt nur zu Fuß dorthin, wenn man von Krugzell in die St.-Michael-Straße einbiegt und an deren Ende in den Kiesweg, der zum Fluss führt.

Der Kiesweg ist auch Teil des Iller-Radwegs, der vom Illerursprung bei Oberstdorf bis nach Ulm führt, wo die Iller in die Donau mündet. Oft sieht man beim Radeln oder Spazieren den Fluss kaum, weil das Ufer so dicht bewachsen ist. Aber an dieser Stelle tut sich eine größere Öffnung im Grün auf. Breit und flach geht es hinunter zur Illerkiesbank, deren Nutzung laut einem vorsorglich aufgestellten Schild nur zwischen 8 und 23 Uhr erlaubt ist. Es weist auch darauf hin, dass man seinen Müll wieder mitnehmen und Feuer vor dem Verlassen löschen soll. Aber das ist ja wohl sowieso Ehrensache.

Ja, diese Kiesbank ist eben sehr einladend für ein Picknick oder einen romantischen Abend am Lagerfeuer. Oder für einen gemütlichen Nachmittag am Wasser. Ganz flach geht es dort hinein, die Strömung ist nur schwach. Ideal zum Hineinwaten und Füßekühlen oder auch zum Baden. Wer flussaufwärts ins Wasser geht, kann sich gemächlich bis ans Ende der Kiesbank treiben lassen und dort wieder an Land gehen. Runde und flache Flusskiesel in unterschiedlichen Farbtönungen locken zum Übers-Wasser-hüpfen-Lassen oder Steinmännchenbauen. Später sitzt man einfach da, sieht dem steten, beruhigenden Strömen zu und freut sich über ein paar vorbeiziehende Enten und den Frieden, der während des Aufenthalts auf der Illerkiesbank ganz von selbst in die Seele einzieht.

TIPP

Die Illerkiesbank eignet sich auch sehr gut als Startpunkt für eine Fahrt mit dem Kanu oder Kajak.

- Sand- und Kiesbank an der Iller, Zugang über die St.-Michael-Straße, 87452 Altusried
- ÖPNV: Haltestelle Krugzell Gasthof Hirsch, ca. 800 Meter Fußweg

# Waldseehüttenbad

42

## Am Faulensee bei Rieden

Ein mooriger, kleiner Waldsee, den man nur zu Fuß oder mit dem Rad erreichen kann. Eine Liegewiese mit einer Badestelle, an der man über Steinplatten ins Wasser gelangt, und einem kleinen Nichtschwimmerbereich. Ein Erlebnisspielplatz, auf dem sich die Kinder vergnügen können. Und eine rustikale Hütte mit gemütlicher Gaststube und Terrasse, auf der gut organisierte Selbstbedienung herrscht. Dazu eine kleine Auswahl an einfachen Gerichten, kalten und warmen Getränken, alles zu moderaten Preisen und in ordentlicher Qualität. Alles zusammen sorgt für einen rundum erholsamen Aufenthalt am Faulensee.
Da dic schmale Zufahrtsstraße für Autos gesperrt ist, gibt es weder Verkehrslärm noch gefährliche Begegnungen zwischen Radlern, Spaziergängern und Autofahrern. Die Kinder können ungestört herumtoben, die Erwachsenen in Ruhe plauschen, sich sonnen oder baden und die Natur genießen – kostbare Mußestunden, in denen man frische Kraft sammeln kann.

TIPP

Wenn im Winter genug Schnee liegt, führt eine Langlaufloipe direkt an der Faulenseehütte vorbei.

Es gibt mehrere Möglichkeiten, um zum Faulensee zu gelangen: über einen kurzen Spaziergang von Rieden, über eine kurze Wanderung von Enzensberg oder Hopfen oder eine längere Tour von Roßhaupten. Auch für Radler ist der Waldsee samt Hütte und Bad ein lohnendes Ziel. Ein Geheimtipp ist der Faulensee zwar nicht, denn im Sommer herrscht oft ein reges Kommen und Gehen, aber so voll wie am Hopfen- oder Forggensee wird es nie. Für Neuankömmlinge gibt es immer noch ein Plätzchen.
Rainis Faulenseehütte hat nicht nur in der Badesaison von Mai bis September geöffnet, sondern auch in den meisten anderen Monaten (jeweils von Donnerstag bis Sonntag). Nur im November ist Betriebsruhe. Im Winter ist die Atmosphäre am Wasser oft pastellig-verträumt und die Einkehr bei einem heißen Getränk besonders entspannend.

Faulensee mit Rainis Faulenseehütte, Faulenseestraße 51, 87669 Rieden am Forggensee, Tel. (0 83 62) 94 11 25
www.faulenseehuette.de

# Familienglück

## 43 Der Bachtelweiher in Kempten

Die Mönche des Kemptener Fürststifts im 13. Jahrhundert hätten sich wohl nicht träumen lassen, dass einige der von ihnen angelegten Fischgewässer noch Jahrhunderte später in Betrieb sein würden. Für den gerade mal 250 mal 300 Meter kleinen Bachtelweiher am östlichen Stadtrand trifft das aber zu. Freilich dient er heute nicht mehr der Frischfischversorgung für die Geistlichkeit während der Fastenzeit, sondern als Naherholungsgebiet für die Kemptener Bürger. In den 50er-Jahren des letzten Jahrhunderts wurde am Westufer eine kleine Badeanstalt eingerichtet, die aber zuletzt wegen Sanierungsbedürftigkeit nicht mehr in Betrieb war.

Der eigentliche Anziehungspunkt am Bachtelweiher ist allerdings „Der Bachtelweiher Garten" mit Biergarten und Minigolfanlage. Auf der parkartigen Anlage mit Seeblick spielt man sich in aller Ruhe von Bahn zu Bahn, um sich anschließend im Biergarten niederzulassen. Die Kinder vergnügen sich derweil auf dem großen Spielplatz samt Riesensandkasten und Wasserstau-Matschanlage. Auch ein ausgiebiger Besuch im kleinen Streichelzoo mit den Kaninchen und Meerschweinen, Hühnern und Laufenten, Schafen und Ponys gehört dazu.

TIPP

Im Winter kann man bei entsprechender Eisdicke auf dem Bachtelweiher auch eislaufen.

Jenseits der Minigolfanlage ist die Liegewiese am Bachtelweiher als Erholungsort beliebt. Man kann dort prima entspannen und sonnenbaden, picknicken, ratschen, nachdenken oder einfach nur aufs Wasser schauen. Um den Weiher herum führt ein schöner, barrierefreier Rundweg, auf dem vom Baby bis zum Großvater alle gemütlich miteinander spazieren oder geschoben werden können. Der Schilfgürtel am Nord- und Ostufer ist ein artenreiches Biotop, in dem sich Frösche und Fische, Libellen, Wasservögel und manchmal auch Biber tummeln. Für aufmerksame Beobachter gibt es immer etwas zu entdecken beim Rundgang um den ehemals fürstäbtlichen Fischteich.

- Bachtelweiher mit „Der Bachtelweiher Garten", Am Bachtelweiher 8, 87437 Kempten, Tel. (08 31) 93 06 11 80, www.bachtelweiher-garten.de
- ÖPNV: Haltestelle Linggener Straße/Am Bachtelweiher

# Nasser Humor

## 44 Der Brunnen „Die verdruckten Allgäuer" in Wangen

Das soll ein Brunnen sein? Auf den ersten Blick sieht das Ganze eher aus wie ein seltsames Denkmal: Auf einem bronzenen Sockel liegen aufeinandergestapelt sechs Figuren, darunter (ganz unten) ein Geistlicher mit einem Rosenkranz um den Hals, ein Mann mit einer Maske und einer mit Spielkarten in der Hand. Eine Inschrift auf der Säule gibt Auskunft über den Sinn dieses Männerstapels – aber Vorsicht, wer sich unbedarft nähert, um den Text zu lesen, oder wer einfach nur vorbeigeht, könnte unversehens nass werden. Der Mann mit der Maske ist nämlich ein rechter Übeltäter: Er „spuckt" alle 20 Sekunden einen Wasserstrahl auf das Pflaster vor ihm. Damit sorgt er nicht immer für Freude bei den Bespuckten, aber immerhin für Erheiterung bei den Bescheid wissenden oder einfach verschont gebliebenen Passanten.

**TIPP**
Das Gästeamt Wangen bietet im Sommer einmal monatlich die Brunnenführung „Auf den Spuren des Wassers" an.

Und was ist nun die Idee hinter diesem „Spuckbrunnen"? So steht es auf der Säule im hiesigen Dialekt: „Wenn me 6 Allgeier ibrenand beigt, no isch dr oberscht so verdruckt wi dr unterscht!" Übersetzt: Wenn man sechs Allgäuer übereinanderstapelt, dann ist der oberste genauso *verdruckt* wie der unterste. *Verdruckt* bedeutet wörtlich „zusammengedrückt", beschreibt aber auch jemanden, der schüchtern, introvertiert oder einfach wenig kommunikativ ist. Diese gewisse „Maulfaulheit" ist ebenso typisch für das Allgäu wie der Humor, der aus dieser Inschrift spricht: Man spottet gern über andere (haha, nass geworden!), macht sich aber durchaus auch über sich selbst lustig. Neben weiteren typischen Allgäuer Sprüchen findet sich daher auch eine Spiegelplakette auf dem Brunnen; sie dient der Selbsterkenntnis. Das „Spuckwasser" ist zwar völlig harmlos und hat sogar Trinkwasserqualität (das gilt übrigens für alle Wangener Brunnen), trotzdem reagieren manche Nassgewordene verärgert auf den feuchten Scherz. Darum wird der Brunnen abgestellt, wenn Markttag ist und der Platz voll. Nach dem Marktende darf dann wieder herzlich gelacht werden.

- Brunnen „Die verdruckten Allgäuer", Brotlaube 6, 88239 Wangen
- ÖPNV: Bahnhof Wangen (Allgäu), ca. 550 Meter Fußweg

# Der Glückssteg

45

## Auf dem Badesteg am Hopfensee bei Füssen

Er ist gewiss einer der meistfotografierten Stege des Allgäus, vielleicht sogar Bayerns, und damit kein exklusives Plätzchen. Aber er ist eben auch der schönste Steg an einem der schönsten Seen der Region: Die Aussicht auf den Hopfensee und die Berge ist einfach umwerfend. Am Horizont breitet sich das graublaue Panorama in voller Pracht vom Tegelberg bis zum Breitenberg aus. Davor bilden grüne Hügel und waldige Höhenzüge einen weichen Rahmen um den sacht blau schimmernden See, dessen Wasserfläche meist wenig bewegt ist. Ein paar Tretboote und Stand-up-Paddler ziehen gemächlich vorbei, während stolze Entenmamas mit ihrem Nachwuchs spazieren schwimmen. Im Uferbereich zaubern die Seerosen fröhliche grüngelbe Tupfer auf das Blau.

TIPP

Falls es ein E-, Tret- oder Ruderboot sein soll: Der Bootsverleih Marina Hopfensee ist wenige Meter entfernt.

Die Atmosphäre ist heiter, das Licht weich und die Landschaft versprüht ein anmutig-südliches Flair – kein Wunder, dass man den Hopfensee und seine Promenade auch als „Allgäuer Riviera“ bezeichnet. Auf dem Steg zu sitzen, bedeutet, gleichsam über dem Wasser zu schweben und dem Alltagstreiben entrückt zu werden. Auf der Promenade wird spaziert, gewalkt, gejoggt und gerollert. Aber hier vorne über dem Wasser bekommt man davon kaum etwas mit. All diese Naturschönheit will gesehen, genossen und in sich aufgenommen werden, damit sind die Sinne vollauf beschäftigt.

Man könnte jetzt Badesachen anziehen und sich ins kühle Wasser gleiten lassen, um mit den Enten zu schwimmen. Oder ein Stückchen weiter spazieren, um sich in der Fischerhütte am See einen gebratenen Bachsaibling servieren zu lassen. Oder im schicken Seehaus einen Cocktail schlürfen gehen. Aber dazu müsste man jetzt aufstehen und den Steg verlassen. Ach nein, dann doch lieber auf dem Glückssteg sitzen bleiben, über dem Alltag schweben und spüren, wie sich die Seele mit Freude und Dankbarkeit füllt.

- Badesteg am Hopfensee, Uferstraße, 87629 Füssen
- ÖPNV: Haltestelle Hopfen Uferstraße/Bergstraße oder Hopfen Strandbad

# Faszinierend wild

## 46 Durch die Breitachklamm bei Oberstdorf

Sie gehört zu den bekanntesten Allgäuer Sehenswürdigkeiten und zieht jährlich 300.000 Besucher an – und sie begeistert jeden von ihnen! Die Breitachklamm ist eine der tiefsten Felsenschluchten Europas, bestens erschlossen durch Wege und Stege, Galerien und sogar einen kleinen Tunnel. So wird das spektakuläre Naturkunstwerk, das vom Gebirgsflüsschen Breitach im Laufe von Jahrtausenden am Ausgang des Kleinwalsertals geschaffen wurde, für Besucher begeh- und intensiv erlebbar. Und das schon seit dem Jahr 1905. Damals suchte der Tiefenbacher Pfarrer Johannes Schiebel eine weitere Einnahmequelle für die armen Bergbauern der Region und ließ sie die Klamm erstmals erschließen und für Besucher zugänglich machen.

Am Eingang der Klamm wirkt die Breitach noch eher unscheinbar. Das Rauschen des Wassers begleitet den Wanderer als zunächst leise, dann aber anschwellende Hintergrundmusik. Je weiter man flussaufwärts wandert, desto enger rücken die Felswände zusammen, desto steiler und höher ragen sie auf. In seinem engen Bett schimmert das Flüsschen türkisgrün, es ergießt sich weißschäumend über Felsstufen, umspült Felsbrocken und im Flussbett verkeilte Baumstämme, es tost, zischt, sprudelt und zerstäubt in winzigste Tröpfchen. Feucht und kühl ist es in der Klamm selbst im Hochsommer, auch von den Wänden rinnt und tropft unablässig Wasser oder stürzt gleich als Wasserfall hinunter. Moose, Farne und allerlei andere Gewächse lieben dieses Mikroklima, sie überziehen den dunklen Fels mit leuchtendem Grün.

TIPP

Besonders eindrucksvoll ist das Schauspiel des wilden Wassers an Regentagen.

Die Stege und Wege haben die wilde Klamm nicht gezähmt, sie werden von ihr nur geduldet. Bei starken Regenfällen und Schneeschmelze wird sie geschlossen, da das Wasser so hoch steigen kann, dass es die Wege überspült und Stege mit sich reißt. Diese rohe Energie spürt man als Klammwanderer: Faszinierend wirkt sie, belebend und ehrfurchteinflößend. Und wunderschön.

- Breitachklamm, Klammstraße 47, 87561 Oberstdorf
  www.breitachklamm.com
- ÖPNV: Haltestelle Breitachklamm

# Mooriger Geheimtipp

## 47 Der Notzenweiher bei Betzigau

Meist ist es kein gutes Zeichen, wenn man in einer Sackgasse landet. Hier aber schon: Wer in Unterhalden südwärts zur Einöde Notzen abbiegt und bis zum Ende der Straße fährt, landet am Parkplatz am Notzenweiher. Dann geht es einen kleinen Hang hinauf, an dem sich zur Linken die Hütte des Fischereivereins und zur Rechten der Kiosk mit den Toiletten befinden. Und schon liegt er vor einem, der annähernd nierenförmige Moorsee, der von einem Röhrichtgürtel, Feuchtwiesen und Wald umgeben ist. Sein Wasser ist weich und torfbraun und erwärmt sich im Frühjahr schnell. Zwei Badestellen mit Einstiegshilfe ins Wasser liegen an der Nordseite des Sees, an beiden gibt es eine Liegewiese und eine Umkleidekabine. Nur das nördliche Drittel der Wasserfläche ist für Schwimmer freigegeben, im Süden liegt das Rückzugsgebiet für Wasservögel, Frösche und andere Wasser- und Röhrichtbewohner. Mitten im Schwimmerbereich befindet sich eine hölzerne Badeplattform, die Erwachsene zum Sonnen und Kinder zum Springen nutzen.

Es gibt am Notzenweiher also nichts Besonderes – aber alles, was es für einen erholsamen Badetag braucht: Man kann schwimmen und springen, ein Sonnenbad nehmen und ein Eis essen. Alles ohne Verkehrslärm und ohne lautstarken Trubel, denn der kleine Moorsee ist kein Ziel, das die Massen anzieht, sondern eines, wo überwiegend Einheimische baden. Wenn die Familien spätnachmittags heimgehen, kommen die Abendschwimmer und haben den See für sich. Mal quakt ein Frosch, mal düst eine Libelle vorbei, ein paar Badegäste plaudern miteinander. Ansonsten herrscht friedliche Stille, die sich wie Balsam auf die Seele legt.

Dabei ist der See gar kein natürliches Gewässer; im 17. Jahrhundert ließen die Kemptener Stiftsäbte ein Hochmoor überstauen, um einen Fischteich zu gewinnen und den Nachschub an ihrer Lieblingsfastenspeise sicherzustellen. Der Moorweiher war also auch damals schon ein Glücksort, nur eben anderer Art.

TIPP

Um den Notzenweiher und die ihn umgebenden Feuchtwiesen kann man auch sehr hübsch wandern.

● Notzenweiher, 87488 Betzigau

# Schatzkästlein der Natur

48

## Am Benninger Ried im Süden von Memmingen

Was selten und kostbar ist, muss nicht groß und prächtig sein. Mancher wertvolle Schatz wirkt auf den ersten Blick sogar unscheinbar. So ist es auch mit dem Benninger Ried im Süden von Memmingen. Vom Zugang zum Gelände über den Benninger Kapellenweg sieht man Wiesen, eine Kapelle, ein schmuckes Mesnerhaus und einen Bauerngarten. Nett, aber nichts Besonderes, könnte man meinen. Dabei ist hier eigentlich alles besonders: die Kapelle zum Beispiel. Sie stammt aus dem 13. Jahrhundert und wurde 500 Jahre später barockisiert. Aufgrund eines angeblichen Hostienwunders war sie über viele Generationen hinweg eine sehr beliebte Wallfahrtsstätte. Oder das Ried an sich. Es war zwar bis ins 19. Jahrhundert hinein sechsmal so groß wie heute, ist aber mit noch 22 Hektar immerhin das größte Kalkquellmoor Bayerns. Dort entspringt zudem der Riedbach, der weiter nördlich als Memminger Ach oder Stadtbach durch die historische Altstadt fließt.

TIPP

Führungen durch Ried, Museum und Kapelle von Mai bis September an jedem ersten und dritten Sonntag.

Die größte Besonderheit im Benninger Ried ist aber klein, zart und rosa und trägt den hübschen Namen Armeria purpurea. Es handelt sich um eine Riednelke, die nur (noch) in diesem Moorgebiet wächst – es ist das weltweit einzige Vorkommen dieser Pflanze! Betrachten kann man sie von einem hölzernen Steg mit Aussichtsplattform, zu dem ein Pfad von der Riedkapelle aus führt. Jedes Jahr im Juni erblühen dort die rosa Köpfchen von Armeria purpurea um einen kleinen Quelltümpel. Sie sind weder groß noch auffällig, halten aber in aller Bescheidenheit hartnäckig an ihrer Heimat fest und lassen die menschlichen Betrachter demütig zurück: Wie schön, dass es diese hübsche Pflanze in diesem kleinen Moor noch gibt! Wie wichtig es ist, dass wir die Natur und ihre Schätze schützen und bewahren!

Wer mehr über das Benninger Ried wissen möchte, sollte einen Rundgang durch das kleine Museum im Mesnerhaus machen. Von April bis Mitte Oktober hat dort zudem an Wochenenden und Feiertagen nachmittags ein Selbstbedienungscafé geöffnet.

- Benninger Ried, Zugang über den Kapellenweg, 87734 Benningen www.benninger-ried.de
- ÖPNV: Haltestelle Mittlerer Wirt, ca. 500 Meter Fußweg

# Ein Sommertagstraum

## 49 Der Seerosenteich im Naturlehrgarten Mindelheim

Ein schattiges Bänkchen an einem grün umwucherten Teich, in dem weiße und rosa Seerosen blühen. Über dem Wasser schwirren Libellen, Schmetterlinge flattern umher und Bienen summen eifrig vor sich hin. Wer sich an diesem traumhaft schönen Plätzchen niederlässt und sich ein bisschen Zeit nimmt, spürt den Sommer tief in seiner Seele leuchten. Verkehrslärm gibt es hier nicht, denn der Mindelheimer Naturlehrgarten, zu dem der Seerosenteich gehört, ist nur zu Fuß oder mit dem Rad zu erreichen. Die friedliche Stille wird nur gelegentlich gestört, wenn auf dem Bahndamm hinter dem Gelände ein Zug vorbeirattert. Mit den typischen Vorstadtgärten oder mit den traditionellen Allgäuer Bauerngärten hat dieser Naturgarten nichts zu tun. Hier gibt es keinen kurz geschorenen Rasen und keine rechtwinklig angelegten Beete. Auf der Wiese um den Teich blühen Wildblumen, in den Beeten einheimische Stauden und nektarreiche Gewächse wie Königskerze oder Blauer Natternkopf, die anderswo als „Unkraut" gelten. Ein Totholzhaufen gehört ganz selbstverständlich dazu, ebenso wie ein steinig-sonniges Eidechsenparadies, eine kleine Streuobstwiese und ein Naschgarten, in dem die menschlichen Besucher alles an Beeren pflücken dürfen, was die Vögel übrig gelassen haben.

TIPP

Wer den Naturlehrgarten in seiner ganzen Pracht samt Seerosen erleben will, sollte im Juni/Juli kommen.

Auch an die Kinder ist gedacht: Über einen kleinen Bachlauf geht es in den Abenteuer- und Wildnisbereich, in dem Spielen ausdrücklich erwünscht ist. Die Größeren können sich auf einem dekorativen Fahrrad-Fotopunkt amüsieren. Der Naturlehrgarten Mindelheim ist als Ausflugs- und Erholungsziel gedacht, will aber auch Ideen und Anregungen dazu geben, wie der heimische Garten naturnah und damit ökologisch wertvoll gestaltet werden kann. Was für eine schöne Idee – so kann man den Sommertagstraum auch daheim weiterträumen.

- Seerosenteich im Naturlehrgarten Mindelheim, südlich des Freibads, 87719 Mindelheim
- ÖPNV: Bahnhof Mindelheim, ca. 2 Kilometer Fußweg

# Baden wie ein Prinz

## 50 Im Kneippkurgarten Prinze Gumpe in Hinterstein

Wenn in Bayern von der „guten alten Zeit" die Rede ist, dann ist meist das Vierteljahrhundert gemeint, in dem der Prinzregent Luitpold regierte: Von 1886 bis 1912 führte der Wittelsbacher Prinz die Amtsgeschäfte anstelle seines Neffen Otto, des eigentlichen Thronfolgers von König Ludwig II. Der Prinzregent war wegen seiner Leutseligkeit und Volkstümlichkeit sehr beliebt. Ähnlich wie Ludwig II. hielt er sich gerne im Allgäu auf, bevorzugte aber die Region um Oberstdorf und das abgelegene Hintersteiner Tal, wo er seiner Jagdleidenschaft nachging.
Neben der Jagd liebte Luitpold das Schwimmen und da traf es sich bestens, dass sich unterhalb des Zipfelsbachwasserfalls ein natürliches Wasserbecken, eine Gumpe, gebildet hatte. Das Wasser des Bergbachs war zwar ziemlich kalt, aber das konnte den abgehärteten Schwimmer nicht abhalten – der Prinzregent soll darin öfter gebadet haben. So wurde das Becken im Volksmund bald „Prinze Gumpe" genannt. Diesen Namen trägt auch das kleine Naturbad, das heute ein Stückchen unterhalb in Hinterstein liegt und (teilweise) vom Zipfelsbach gespeist wird.

TIPP

Der Eintritt zum Bad ist frei; wer mag, kann zur Erhaltung der Anlage eine Spende beitragen.

Das Naturbad Prinze Gumpe reinigt sich mithilfe der umgebenden Wasserpflanzen selbst und ist als Kur- und Kneippgarten angelegt: Man kann nur bis zu den Knien hineinwaten oder sich bis in den Schwimmteich vorwagen, in den Wasser aus dem Zipfelsbach als Miniwasserfall hineinstürzt. Das Wasser ist noch genauso rein und genauso kalt wie zu Zeiten des Prinzregenten – darin zu baden ist ein ausgesprochen erfrischendes Vergnügen! Ein Abstecher hierher ist perfekt als Abkühlung nach einer Wander- oder Radtour im schönen Hintersteiner Tal. An nicht ganz so heißen Tagen genügt vielleicht auch ein Gang durch das unterhalb gelegene Kneippbecken. In jedem Fall wirkt das klare Bergbachwasser belebend und erquickend für den Körper und wohltuend für die Seele. Zum Kur- und Kneippgarten gehört neben einer kleinen Liegewiese auch ein Lokal mit Kiosk und Terrasse. Hier lässt es sich sehr nett einkehren.

- Naturbad Prinze Gumpe, Auf dem Buck 6, 87541 Bad Hindelang
- ÖPNV: Haltestelle Hinterstein Steinadler

# Paddeln mit Schlossblick

## 51 Kanu- oder Kajakfahren auf dem Forggensee

Abends ist der Forggensee am schönsten. Wenn die Wärme des Tages noch spürbar ist, das Licht weich wird und die Schatten lang, wenn die großen Ausflugsschiffe und die kleinen Segelboote im Hafen vertäut sind und die Badenden sonnensatt dem Abendessen entgegenstreben. Dann ist die richtige Zeit, um das Kanu oder Kajak ins Wasser zu schieben und auf den nun ruhenden See hinauszupaddeln. Abgesehen vom plätschernden Eintauchen der Paddel ist es still, allenfalls ein paar Stand-up-Paddler und andere Kajakfahrer sind noch unterwegs. Im warmen Abendlicht sehen die Bergriesen Säuling und Tegelberg sanfter aus als sonst, sie scheinen das hell schimmernde Märchenschloss Neuschwanstein freundlich zu behüten. Im Süden grüßt das Hohe Schloss zu Füssen herüber, daneben ragt der markante Kirchturm der Kirche St. Mang auf. Vor dem Hintergrund der massigen Bergflanken der Großen Schlicke und des Vilser Kegels sehen die Gebäude freilich fast winzig aus. Das Wasser wirkt fast unbewegt, immer sachter taucht man die Paddel ein, um die friedliche Stimmung nicht zu stören. Die Sonne sinkt tiefer und verwandelt die eleganten Formen des Festspielhauses am Forggensee-Westufer in dunkle Umrisse, während sie eine gleißende Lichtspur auf das Wasser legt. Nun gibt man die eigene Aktivität endgültig auf, lässt die Paddel ruhen und verfolgt mit halb geschlossenen Augen das Schauspiel des Sonnenuntergangs. Der See ist die Bühne, das Boot eine schwimmende Loge, um die einen selbst der Märchenkönig beneiden würde.

Nachdem die Sonne sich hinter die Bäume zurückgezogen hat, taucht sie das Wasser zum Abschied in ein noch weicheres Licht in sanften Rosatönen. Es ist Zeit, zurück zum Ufer zu paddeln, bevor die Dunkelheit sich herabsenkt, voller Dankbarkeit für das Geschenk eines vollkommenen Abends auf dem Wasser.

TIPP

Wer kein eigenes Kanu oder Kajak besitzt, kann eine geführte Kanutour beim Anbieter Kanu Kini buchen.

- Kanu- oder Kajakfahrt auf dem Forggensee, z. B. am Strandbad Füssen, Weidachstraße 77–69, 87629 Füssen
- ÖPNV: Haltestelle Augsburger Straße/Friedhof

# In der Abenteuerschlucht

## 52 Der Ostertaltobel im Gunzesrieder Tal

Der Ostertalbach, der in Gunzesried-Säge in die Gunzesrieder Ach mündet, ist nur rund 4 Kilometer lang. Er hat aber in seinem Lauf bis zur Mündung eine Schlucht geformt, die an die märchenhaften Filmlandschaften aus „Herr der Ringe" erinnert. Der Ostertaltobel windet sich durch den Bergwald im malerischen Gunzesrieder Tal, mal einladend breit, mal dramatisch schmal, und besteht aus einer Aneinanderreihung schöner und schönster Plätze: Insgesamt vier Wasserfälle sind da zu bestaunen, kleine und große Gumpen und Strudellöcher, sanfte Buchten und breite Kiesbänke. Man braucht viel Zeit, um sie alle ausgiebig zu würdigen und zu erkunden.

Unterhalb der Wasserfälle bieten sich die teils weiten Gumpen als natürliche Badebecken an, es lohnt sich also, im Sommer Badesachen mitzunehmen. Es kann auch nicht schaden, einen Imbiss einzupacken und sich auf einen Halbtagesaufenthalt einzurichten. Die Kiesbänke eignen sich nämlich hervorragend als Picknick- und Chillplätze, auf ihnen lassen sich auch prima Steinmännchen, kleine Hafenbecken für Holzboote oder Dämme bauen. Ja, im Ostertaltobel entdecken auch Erwachsene ihre kindlichen Seiten (wieder)!

Erschlossen wird der Tobel durch einen beschilderten und gut befestigten Wanderweg, der mit wenig Steigung meist ganz nah am Bach verläuft und ihn zweimal über hölzerne Brücken quert. Wer es schafft, sich von all den wunderbaren Pritschel- und Ruheplätzen am Wasser zu lösen, gelangt nach etwa 2 Kilometern zum Wanderparkplatz Ostertal und kann die kleine Wanderung zu einer Runde ausbauen; man biegt am Parkplatz rechts ab und folgt der Straße zu Buhl's Alpe, wo es eine zünftige Einkehr gibt. Von dort geht es zurück zum Ausgangspunkt in Gunzesried-Säge. Achtung: Von November bis Mitte Mai ist der Ostertaltobel gesperrt, weil dann die Gefahr von Felsstürzen besteht.

TIPP

Wer noch mehr Tobelspaß sucht, findet ihn östlich von Gunzesried-Säge in der Gunzesrieder Ach.

- Ostertaltobel, Ausgangspunkt am Wanderparkplatz Gunzesried-Säge, Autalweg, 87544 Blaichach
- ÖPNV: Haltestelle Gunzesried-Säge

# Stadtoase

## 53 Der Engelhaldepark in Kempten

Wenn man einen idealen Park in einer Stadt neu planen könnte, was würde man dann an Gestaltungselementen vorsehen? Vor dieser Frage stand der Kemptener Stadtrat in den 80er-Jahren, als das Gelände einer ehemaligen Kiesgrube am rechten Illerufer renaturiert werden sollte. Klar: Rasenflächen und Bäume mussten her, kinderwagen- und rollstuhlgeeignete Wege, Ruhebänke und schattige Sitzplätze. Ein großer Spielplatz, ein Café und natürlich ein Teich. Das alles gibt es heute im 12 Hektar großen Engelhaldepark. Und noch viel mehr: eine Grillstelle, ein Kneipptretbecken, einen kleinen Kräutergarten, Fitnessgeräte, einen großen Kletterturm und, erst 2022 eröffnet, einen Bikepark. Nein, seine Kiesgrubenvergangenheit sieht man ihm wirklich nicht mehr an.

Kein Wunder, dass der Park so etwas wie das grüne Wohnzimmer der Kemptener ist. Dort treffen sich besonders am Wochenende Menschen aller Generationen und sozialen Schichten. Auf den Wegen spazieren ältere Paare mit Gehstöcken und junge Eltern mit Kinderwagen. Die kleineren Kinder vergnügen sich auf dem Abenteuerspielplatz mit großer Rutsche, Seilbahn und Klettergeräten. Die größeren Kinder und Teenager flitzen mit Rädern und Rollern über den Pumptrack, Jugendliche klettern in der DAV-Freiluftanlage in schwindelerregenden Höhen (bis 18 Meter), Großfamilien verwandeln die Wiesen in üppig bestückte Picknickplätze. Hier tobt das Leben! Weil alle genug Platz haben, bleibt die Atmosphäre dennoch heiter und gelöst.

Im Herzen des Parks liegt ein Teich, an dessen Ufer man sich seinen Lieblingsplatz aussuchen kann: unter dem schützenden Dach eines Pavillons, auf einer Mauer oder einer Holzplattform. Oder im Engelhalde Café, das eher einem Kiosk mit Biergarten gleicht. Wer kein Picknick mitgebracht hat, bekommt dort kleine Mittagsgerichte, Kaffee, Kuchen und Eis. Langeweile kommt in dieser grünen Stadtoase garantiert nicht auf. Dafür aber gute Laune und wohlige Entspannung.

**TIPP**
Tickets für den Kletterturm bekommt man im DAV-Stützpunkt swoboda alpin in Kempten.

- Engelhaldepark, 87437 Kempten
- ÖPNV: Haltestelle Illerstraße/AÜW, ca. 1 Kilometer Fußweg

# Der Badetraumsee

## 54 Westlicher Badestrand am Niedersonthofener See

Aus der Luft oder auf einer Landkarte sieht er aus wie ein Walfisch, aber wenn man ihn besucht, schmiegt sich der Niedersonthofener See ganz selbstverständlich ins umgebende Hügelland. Er gehört zu den Lieblingsbadeseen (nicht nur) der Kemptener und wird von den Einheimischen meist nur kurz „Nieso" genannt. An der „Walfischflosse" im Osten liegt ein versteckter kleiner Bootshafen, südlich davon gehört ein Kiesstrand zu einem Campingplatz. An der schmalsten Stelle des Sees gibt es am Landgasthof Seehof einen schönen Badebereich. Eine weitere, deutlich kleinere Badestelle liegt am Nordwestufer am Parkplatz Zellen. Der großzügigste Badeplatz ist aber der westliche Badestrand am Nieso, an dem sich auch eine DLRG-Wachstation befindet und für Badesicherheit sorgt.

TIPP

Nach 18 Uhr ist das Parken vor dem westlichen Badestrand kostenlos.

Der Uferbereich ist schön flach, man kann über einen Steg ins Wasser gelangen. Als Ziel für Schwimmer bietet sich ein rund 100 Meter entferntes Badefloß an. Selbst wenn auf der gut gepflegten Liegewiese viel los ist (was bei Badewetter regelmäßig der Fall ist), braucht man nur hinter das Floß hinauszuschwimmen, um fast allein im Wasser zu sein. Man teilt es sich allenfalls noch mit einer Luftmatratze oder einem Kajak. Das Wasser ist sauber und erwärmt sich auf angenehme Temperaturen. Beim Schwimmen im Nieso fällt jegliche Anspannung ab, ein Gefühl der tiefen Geborgenheit in der Natur stellt sich ein – traumhaft schön.

Für alle nötigen Badeannehmlichkeiten ist gesorgt: Es gibt hölzerne Umkleideschnecken, Toiletten, einen kleinen Spielplatz und ein Beachvolleyballfeld sowie einen Kiosk mit einem überraschend guten Angebot. Man kann hier also wunderbar einen ganzen Badetag verbringen. Wer es ruhiger liebt und den Badetraumsee besonders intensiv genießen will, sollte am sehr späten Nachmittag kommen, wenn die Schatten lang werden und die Liegewiese sich leert.

- Westlicher Badestrand am Niedersonthofener See, beim Campingplatz Zeh am See, 87448 Waltenhofen
- ÖPNV: Haltestelle Niedersonthofen Campingplatz

# Tor zum Glück

## 55 Am Weißensee bei Füssen

Die Umrundung des Weißensees ist zu jeder Jahreszeit ein Vergnügen. Jedes Mal wieder ist das Törle ein Höhepunkt, der einem beim Durchschlüpfen ein Lächeln ins Gesicht zaubert. Das kleine Felsentor am grünblauen See ist ein Ort, an dem die Seele einen kleinen Freudensprung macht, bevor man den Kopf vorsichtig einzieht, um es zu passieren. Zugegeben, es ist nur ein recht kleines Tor. Man muss sich bücken, wenn man hindurchgeht. Deswegen nennen ihn die Einheimischen ja auch liebevoll Törle, diesen bezaubernden Durchschlupf, den die Natur am Südufer des Weißensees geschaffen hat.

Überhaupt ist dieser See, der sich an einen Höhenzug westlich von Füssen schmiegt, aus mindestens drei Gründen ein ganz besonderes Gewässer. Einmal wegen des beinahe karibischen Flairs, das der grünblaue Wasserspiegel im Sommer verbreitet. Dann wegen der Sage, die sich um seine Entstehung rankt: Drei Schwestern sollen einst einträchtig über das fruchtbare, grüne Tal geherrscht haben. Aber dann packte sie die Habsucht und sie zerstritten sich so über ihren Besitz, dass eine die anderen verwünschte, woraufhin Wasser aus der Tiefe und vom Himmel schoss und die Schwestern samt ihrem Schloss verschluckte.

Und nicht zuletzt wegen des Spazierwegs um den See, der nur dank einer großzügigen Spende von zwei Touristen heute so reizend ist. Früher fiel nämlich an der Südseite (von Füssen aus gesehen nach dem Törle) die Felswand so steil ins Wasser ab, dass man vor ihr mühsam den steilen Hang hinauf- und danach wieder hinunterklettern musste. Im Jahr 1952 hatten zwei langjährige Weißensee-Urlauber die Nase voll und gaben der Gemeinde Geld, damit sie einen Steg um die Felswand herum bauen und damit den Rundweg komplettieren konnte. Zur Erinnerung an die Spender trägt das spendierte Wegstück heute den Namen Hugo-Ludwig-Steg.

**TIPP**
Im Sommer am Westufer des Sees die Badestelle mit Liegewiese, Spielplatz und Kiosk aufsuchen!

- Weißensee, 87629 Füssen
  www.fuessen-weissensee.de
- ÖPNV: Haltestelle Weißensee See, ca. 1,5 Kilometer Fußweg

# Urbane Sprudelfreude

56

## Das Fontänenfeld auf dem Marktplatz in Isny

Heute kann man sich kaum noch vorstellen, wie es in Isny nach der Jahrtausendwende aussah: Die B 12 verlief damals mitten durch die Kleinstadt, eine Blechlawine wälzte sich täglich über den Marktplatz. Heute führt die Bundesstraße in weitem Bogen um die mittelalterliche Altstadt herum. Eineinhalb Jahrzehnte lang wurde innerhalb der Stadtmauern gewerkelt, saniert und umgestaltet, zuletzt war der Marktplatz dran. Nach archäologischen Funden – kein Wunder bei einer 800-jährigen Stadtgeschichte – und pandemiebedingten Verzögerungen konnte der Platz im Sommer 2023 endlich eingeweiht werden.

Zwischen dem Rathaus und dem Blaserturm, einem Wahrzeichen der Stadt, erstreckt sich nun eine vornehm hell gepflasterte Fläche, auf der äußerst stilvoll Markt gehalten werden kann. Auch Cafés und Restaurants gruppieren sich um den Platz, dem nach Meinung vieler Bürger ein bisschen mehr Grün gut zu Gesicht stehen würde. Eine Neuerung wird aber von allen begrüßt: das Fontänenfeld vor dem Blaserturm. Dafür hatte man eigens eine Crowdfunding-Kampagne gestartet, die fast 24.000 Euro einbrachte. Und so sprudeln nun täglich ab 9 Uhr zwanzig elektronisch gesteuerte und bei Dunkelheit farbig beleuchtete Fontänen auf dem Marktplatz, außer an Wintertagen mit Minustemperaturen.

An warmen Tagen ist diese Fontäne vor allem für Kinder ein Glücksort – mindestens die Füße muss man mal reinhalten oder ganz schnell durchsausen. Andere kommen gleich in Badehose und lassen sich von allen Seiten besprühen und besprudeln, dass es eine wahre Freude ist, ihnen zuzusehen. Aber auch Erwachsene ziehen die Schuhe aus und testen die Fontänen als Fußdusche. Oder radeln einfach mal durch. Es ist aber auch zu verlockend, sich der prickelnden Versuchung hinzugeben und ein „Bad“ im Fontänenfeld zu nehmen.

TIPP

Der Isnyer Wochenmarkt findet donnerstagvormittags auf dem Marktplatz und der Wassertorstraße statt.

- Fontänenfeld auf dem Marktplatz, 88316 Isny
- ÖPNV: Haltestelle Kurhaus Busbahnhof, ca. 500 Meter Fußweg

Isny Info

# Aus drei mach eins

## 57 Der Illerursprung bei Oberstdorf

Wann und wo wird eigentlich ein Fluss zum Fluss? Schließlich fängt jeder klein an, ist erst Quelle, dann Bach – wann passiert es dann? Außergewöhnlich ist die Flusswerdung am Illerursprung, der ein Stückchen nördlich von Oberstdorf liegt. Die südlichste Gemeinde Deutschlands liegt buchstäblich zu Füßen der Allgäuer Alpen und ist von Seitentälern umgeben, die jeweils nach dem Bach benannt sind, der sie durchfließt: Oytal, Trettachtal, Stillachtal. Das westliche Seitental ist das Kleinwalsertal, das politisch zu Österreich gehört und von der Breitach durchflossen wird. Der Oybach ergießt sich bereits südlich des Ortes in die Trettach. Es bleiben also noch drei Gebirgsbäche übrig, und die treffen sich genau an einem Punkt; das ist der Illerursprung. Der Oberstdorfer Künstler Walter Kalot hat dieses Zusammentreffen in einer Skulptur verarbeitet, die am rechten Illerursprungsufer aufgestellt ist: Sie zeigt drei übereinander liegende Frauenfiguren mit langem Haar. Wie drei Nixen oder Nymphen, die nun vereint schwimmen …

TIPP

Über den Iller-Radweg die Iller noch weiter oder gar bis zur Mündung begleiten (www.illerradweg.de).

An ihrem Ursprung ist die Iller schon ein ausgewachsener Fluss in einem breiten Kiesbett. Im Sommer, wenn der Wasserstand niedrig ist, sonnen sich Erholungshungrige auf den Kiesbänken an beiden Ufern. Da man den Illerursprung nur zu Fuß oder mit dem Rad erreichen kann (von Rubi am rechten Illerufer flussaufwärts oder von Oberstdorf am linken Trettachufer flussabwärts), steigen erhitzte Wanderer und Radler gerne ins Wasser, um sich zu erfrischen. Da es noch keinen langen Weg aus dem Gebirge zurückgelegt hat, ist das Wasser hier kalt, meist hat es nur um die 14 Grad. 147 Kilometer wird es noch zurücklegen, bis es bei Ulm in die Donau mündet, um weiter ins Schwarze Meer zu fließen. Aber hier, wo die Iller noch jung ist, spürt man ihre ungezähmte Energie und den Zauber des Anfangs.

● Illerursprung, Illerweg, 87561 Oberstdorf
● ÖPNV: Bahnhof Oberstdorf, ca. 2 Kilometer Fußweg

# Doppelmoppelbad

## 58 Im Strandbad Kißlegg am Obersee

Die letzte Eiszeit hat das Westallgäu besonders begünstigt, denn sie hat hier neben der reizvollen Moränenlandschaft eine große Anzahl an Mooren und Seen hinterlassen. Bei einigen Gewässern haben menschliche Hände nachgeholfen, indem sie Staumauern gebaut haben, aber der Obersee am Nordrand von Kißlegg ist rein natürlich entstanden. In Bezug auf den Freizeitwert haben die Kißlegger dann doch ein bisschen nachgeholfen: Am Südufer des kaulquappenförmigen Sees haben sie ein Strandbad angelegt. Und was für eins! Die Liegewiese ist so ausgedehnt, dass sie nie wirklich voll ist. Und das, obwohl auch noch ein Beachvolleyballfeld, Tischtennisplatten und ein Spielplatz zum Gelände gehören, dazu ein Kiosk mit Pavillon und Terrasse. Sogar einen kleinen Bootshafen gibt es, an dem man SUPs, Kajaks und Tretboote leihen kann, um weiter auf den See hinauszufahren.

Da dieser nicht sehr tief ist, erwärmt er sich im Sommer auf badekomfortable Temperaturen, im Kleinkindermatschbereich ist das Wasser noch wärmer. Die Größeren amüsieren sich auf der riesigen Wasserkrake, die verflixt rutschig ist, und auf der Badeinsel mit Sprungturm. Für Schwimmer ist der See paradiesisch – sobald man den nahen Uferbereich verlassen hat, hat man das Wasser fast für sich allein. Wer anschließend ein Ausruhplätzchen im Schatten sucht, findet sicher eines unter einem der großen, alten Bäume.

Dass im See selbst meist nicht sehr viel los ist, liegt auch daran, dass das Seebad gleichzeitig ein Freibad, also gewissermaßen ein Doppelmoppel ist: Es umfasst nämlich auch ein 25-Meter-Becken und ein entzückendes Kleinkinderbecken mit Rutschen und Sprudeln. Räumlich ist alles so verteilt, dass jeder sein Badeglück findet, ohne andere zu stören. Ein Badetag im Strandbad Kißlegg ist ein richtiger Urlaubstag; entspannter kommt man selbst in Italien nicht vom Strand zurück.

**TIPP**

Wenns noch etwas Kultur sein darf: Das Neue Schloss in Kißlegg beherbergt wechselnde Kunstausstellungen.

- Strandbad Kißlegg, Am Obersee 2, 88353 Kißlegg
  www.kisslegg.de
- ÖPNV: Bahnhof Kißlegg, ca. 600 Meter Fußweg

DLRG

# Karibikfeeling

59

## Die Beach Bar am Großen Alpsee bei Immenstadt

Die Füße sind genüsslich im weichen Sand vergraben. Man sitzt angenehm beschattet unter einem Sonnenschirm und blickt auf die grünblaue, sich sanft kräuselnde Wasserfläche. Ab und zu nippt man an einem fruchtigen Drink und knabbert ein paar Nüsschen oder Chips, während fröhliche Gute-Laune-Musik die Ohren verwöhnt. Nirgends passt der Sunshine Reggae besser, nirgends ist das Allgäu karibischer als hier, am südlichsten Strand Deutschlands.

Es ist zwar nur ein sehr kleiner Sandstrand, der alljährlich am östlichen Ufer des Großen Alpsees hinter einer Liegewiese aufgeschüttet wird, aber sobald man ihn betritt, kann man die *good vibes* spüren, die von ihm ausgehen. Hier gibt es pure Entspannung, Instant-Urlaubslaune und das vollkommene Glück des Müßiggangs, das sich einstellt, wenn man nichts weiter tut, als zu schauen und zu genießen. Das alles lässt sich nur noch toppen, indem man zum Sonnenuntergang kommt und mit einem Sundowner gemütlich den Tag ausklingen lässt.

TIPP

Lust auf eine Runde SUP zwischen zwei Drinks? Boards kann man direkt an der Beach Bar mieten.

Von Mai bis September ist die Beach Bar bei gutem Wetter geöffnet. Tagsüber ist auf der Liegewiese oft ganz schön was los. Aber am späten Nachmittag, wenn die meisten Badegäste heimgehen, kann man in aller Ruhe eine Runde schwimmen und sich anschließend erfrischt in einen gemütlichen Liegestuhl zurückziehen, um das Sinken der Sonne über dem See mit Muße zu beobachten. Das Licht wird nach und nach weicher, die Umgebung immer ruhiger, die Entspannung immer tiefer. Selbst wenn die golden leuchtende Scheibe hinter den Höhenzügen verschwunden ist, glänzt ihr Schein noch auf dem Wasser, weicht das Licht nur langsam der Nacht.

Komm, wir trinken noch etwas und essen eine Pizza. Einziger Wermutstropfen: Irgendwann muss man die Füße aus dem Sand ziehen, aufstehen und aus der Karibik ins normale Leben zurückkehren. Aber das macht nichts, man kann ja am nächsten Tag wieder an den Minisandstrand und die Barhütte kommen.

- Beach Bar am Großen Alpsee, Seepromenade 24, 87509 Immenstadt
www.beachbar-alpsee.de
- ÖPNV: Haltestelle Bühl Großer Alpsee

# Ganzkörperpackung

60

## Das Moorbad an der Freizeitanlage Buchenberg

Moorpackungen kennt man aus Gesundheits- und Wellnesseinrichtungen, wo sie in speziellen Bäderabteilungen verabreicht werden. Wohlig warm wird es an den damit bedeckten Körperpartien, das fördert die Durchblutung und Entspannung. Nicht zu vergessen die stoffwechselanregende, antibakterielle, entzündungshemmende und schmerzlindernde Wirkung, die durch die im Moor enthaltenen Huminsäuren zustande kommt. Gut für die Haut sind die Fettsäuren und Öle, die in diesem natürlichen Material stecken. Kurz gesagt, das Moor kann ein richtiger Jungbrunnen sein. Noch besser ist es, wenn es nicht aus den auch ökologisch wertvollen Moorgebieten entnommen werden muss, sondern dort verbleibt. Wie das geht? Na, so, wie im Moorloch in Buchenberg bei Kempten. Hier kommt nämlich nicht die Moorpackung zum Menschen, sondern der Mensch steigt direkt hinein ins dunkelbraune, weiche Nass.

Zugegeben, ein bisschen Überwindung kostet es schon, über die Metallleiter ins Moorloch zu klettern, dessen Grund man nicht sehen, nur mit den Füßen ertasten kann. Darin ist es nicht warm wie bei einer Fangopackung, sondern eher kühl. Es gibt keine weißen Tücher und keine gekachelten Wände, sondern rundum nur Natur. Man hat das schlammige Loch auch nie ganz für sich allein, denn es wird von einer größeren Anzahl niedlicher kleiner Frösche bewohnt, die allerdings keineswegs aufdringlich sind. Sie hüpfen schnell weg, wenn ein menschlicher Moorjünger sich nähert. Es ist wirklich sehr weich, das Wasser. Die Füße versinken tief im morastigen Grund, bis zum Bauch oder zur Brust reicht die Ganzkörpermoorpackung, je nach Körpergröße. Ein bisschen fühlt man sich wie ein Kind, das hingebungsvoll in einer matschigen Riesenpfütze spielt.

Nach dem Heraussteigen sind es nur 2 Minuten zu Fuß bis zum Naturschwimmbad, wo man die Torfreste abwaschen kann, bevor es auf die Liegewiese zum Trocknen geht. Allgäuer Naturwellness pur.

TIPP

Eine Minigolfanlage, ein Beachvolleyballfeld und ein Spielplatz versprechen einen vergnügten Tag.

● Moorloch in der Freizeitanlage Buchenberg, Zugang über die Eschacher Straße, 87474 Buchenberg

● ÖPNV: Bahnhof Buchenberg

# Spiel-und-Spaß-Tobel

61

## Die Feuersteinschlucht am Auerberg

Eine Wanderung auf den Auerberg lohnt sich schon deswegen, weil der Gipfel auf 1055 Metern Höhe über Normalnull ein perfekter Aussichtspunkt ist – man blickt auf das Alpenpanorama von der Zugspitze bis zum Grünten. Vermutlich war diese „Ausgucklage" vor den Alpen auch der Grund, warum die Römer dort oben mindestens einen Wachtposten einrichteten. Auch die antike Stadt oder Festungsanlage DAMASIA, von welcher der griechische Geograf Strabon berichtete, wird dort verortet. Gefunden wurde sie jedoch bis heute nicht.

Dieser Siedlung ist der 4 Kilometer lange Kinder-Erlebnisweg VIA DAMASIA gewidmet, der von Bernbeuren durch die Feuersteinschlucht auf den Gipfel des Auerbergs führt. Auf ihm begleitet man den römischen Kaufmann Crispus nach DAMASIA, unterwegs begegnet man ihm an Infotafeln und Erlebnisstationen. Das hübscheste Stück des Weges ist das durch die Feuersteinschlucht, in der man an einem kleinen Bach durch den Wald wandert. Man quert ihn mehrfach über schmale Stege und kann an einigen Stellen ins Bachbett waten. An einer Erlebnisstation findet man Kescher und Lupen, mit denen man die winzigen tierischen Bachbewohner studieren kann. Parallel zu einem Wasserfall steigt man über eine Metalltreppe hangaufwärts, ein Stück weiter oben dreht sich ein Wasserrad lustig in der Strömung.

Die kleine Schlucht bietet so viel Erlebnis, dass so manche Familie mit kleineren Kindern es gar nicht bis zum Auerberggipfel schafft. Die Größeren kann man immerhin mit dem Versprechen locken, dass es auf dem Berg den Panorama-Gasthof zum Einkehren gibt und man die Feuersteinschlucht auf dem Rückweg ein zweites Mal durchquert. Aber auch ohne Kinder macht dieses romantische Wegstück mit Wildbachbegleitung Freude. Das und der Panoramablick vom Berg sorgen auf dieser kleinen Tour für Wanderglück.

**TIPP**

Auf dem Gipfel des Auerbergs steht das Wallfahrtskirchlein St. Georg mit Panorama-Aussichtsterrasse.

● Feuersteinschlucht am Auerberg, 86975 Bernbeuren
www.bernbeuren.de/tourismus/kultur-/-sehenswertes/via-damasia
● ÖPNV: Haltestelle Füssener Straße, ca. 900 Meter Fußweg

# Wo Lotti lächelt

62

## Am Oggenrieder Weiher bei Irsee

Was war das für eine Aufregung im Sommer 2013: Ein Junge hatte beim Baden eine böse Verletzung an der Achillessehne davongetragen, die ein Experte auf den Biss einer Schnappschildkröte zurückführte. Diese recht aggressive Schildkrötenart mit kräftigem Raubtierschnabel stammt aus Nordamerika, ihre Haltung ist in Deutschland verboten. So ein exotisches und gefährliches Tier in einem harmlosen Allgäuer Badeweiher? Oje. Der Weiher wurde flugs gesperrt, die örtliche Feuerwehrtruppe durchkämmte das Gelände. Reptilienexperten aus der näheren und weiteren Umgebung eilten herbei, um nach der bissigen Schildkröte zu suchen, die, man weiß nicht wie, bald allgemein „Lotti" genannt wurde.

Gegen Lotti sah das Ungeheuer von Loch Ness auf einmal alt aus. Medien aus ganz Deutschland berichteten über die Suche nach der Schnappschildkröte, selbst in den USA und in Neuseeland machte sie Schlagzeilen. Das Reptil im kleinen Oggenrieder Weiher im Ostallgäuer Dorf Irsee war plötzlich weltberühmt und füllte das mediale Sommerloch. Freilich blieb es unauffindbar, selbst als der Weiher komplett abgelassen wurde. Nirgends ein Lebenszeichen von Lotti, weder 2013 noch in den Folgejahren. Bis sie 2021 kurz vor Beginn der Sommerferien auf einmal wieder da war. Diesmal nicht versteckt im schlammigen Flachwasser, sondern gut sichtbar am Ostufer, nahe am Kinderplanschbereich. Allerdings sah sie gar nicht böse aus, sie lächelte sogar. Das tut sie seitdem immer. Die freundliche Lotti ist nämlich aus Metall und wurde von den Irseer Künstlern Peter Müller und Roman Reitzer im Auftrag des Gemeinderats geschaffen.

TIPP

Im Winter kann man auf dem Oggenrieder Weiher auch eislaufen.

2013 waren die Irseer tierisch genervt vom Sommerlochrummel. Inzwischen haben sie „ihre" Schnappschildkröte ins Herz geschlossen, in der Dorfbäckerei kann man bis heute Laugengebäck in Lotti-Form kaufen. Kein Wunder, dass die Metall-Lotti lächelt: Sie hat ein Zuhause gefunden, in dem alle sie lieben, und zeigt, dass es auch für böse Geschichten ein Happy End geben kann.

- Oggenrieder Weiher, 87660 Irsee
- ÖPNV: Haltestelle Gasthof Drei Nelken

# Entspannung pur

## 63 Baden im Rottachsee bei Oy-Mittelberg

Eine grüne Liegewiese mit reichlich Platz, ein Uferbereich, in dem man gemächlich ins im Sommer gut über 20 Grad warme Wasser waten kann – und dann gefühlt unendlich viel Platz zum Schwimmen. Weit hinaus auf den See, mit Blick auf den Grünten, den „Wächter des Allgäus“. Danach abtrocknen, ein bisschen sonnen und einen richtig guten Eiskaffee am Kiosk genießen. Und wieder rein ins Wasser … Entspannter kann ein Badetag kaum sein als an der Freizeitanlage Petersthal am Südufer des Rottachsees.

Weil der Uferbereich so flach ist, eignet sich die Badestelle bei Petersthal besonders gut für Familien, die auch vom Spielplatz und dem Beachvolleyballfeld profitieren. Am Kiosk mit Toilettenanlage gibt es ein vergleichsweise umfassendes Speisenangebot und jeden Mittwoch einen Grillabend. Außerdem kann man Boards zum Stand-up-Paddling und Tretboote ausleihen, um den See nicht nur zu erschwimmen, sondern auch zu erfahren. Am See gibt es zwei weitere Badestellen mit jeweils eigenem Kiosk und WC: am Ostufer bei Bisseroy, wo auch Hunde ins Wasser dürfen, und am Westufer bei Moosbach, wo das Ufer etwas steiler abfällt.

So harmonisch fügt sich der See in die Umgebung ein, dass mancher erstaunt ist, wenn die früher geläufige Bezeichnung „Rottachspeicher“ für ihn verwendet wird. Denn der größte Badesee des Oberallgäus ist nicht natürlichen Ursprungs, sondern der jüngste Stausee im Allgäu; das Rottachtal wurde erst 1992 geflutet. Und zwar nicht, um einen Badesee anzulegen, sondern vorwiegend aus wasserwirtschaftlichen Gründen. Der Stausee soll mit dafür sorgen, dass in trockenen Sommern die Pegel von Iller und Donau nicht zu niedrig werden. Vor Ort gab es einigen Widerstand gegen das Projekt, aber heute lieben auch die Einheimischen den See und seine Freizeitanlagen. Außerhalb der Badesaison kann man den Rottachsee auch sehr schön umwandern oder umradeln (circa 16 Kilometer).

**TIPP**

An der Badestelle Petersthal den Sonnenuntergang über dem Wasser beobachten – wunderschön!

● Rottachsee an der Freizeitanlage Petersthal, Am Petersbach, 87466 Oy-Mittelberg

# Der eiskalte Schöne

## 64 Am Christlessee bei Oberstdorf

Kristallklares Wasser wird vielen Seen zugeschrieben. Aber es dürfte nur wenige Gewässer geben, auf die diese Beschreibung so genau zutrifft wie auf den Christlessee: Sein Wasser hat beste Trinkwasserqualität und ist so durchsichtig, dass man jedes Detail am Seegrund vollkommen scharf erkennen kann, fast als würde man durch eine Lupe blicken. Jeder Stein und jede Wasserpflanze ist genau definiert zu sehen, abgestorbene Äste und Baumstämme liegen in Zickzackanordnungen wie bizarre Unterwasserskulpturen.

Am Nord- und am Südufer ist der See so flach, dass man hineinwaten kann. Allerdings bleiben selbst die erfrischungshungrigsten Wanderer nur kurz im Wasser, denn das ist auch im Hochsommer so eiskalt, dass die Füße bereits nach wenigen Sekunden zu prickeln beginnen. Man bekommt Respekt vor den Enten, die ungerührt durchs Wasser paddeln und gegenüber Wanderern mit Brotzeitbröseln sehr zutraulich sind. Die Kälte des Sees stammt direkt aus der Erde – gespeist wird der Christlessee von mehreren starken Quellen. Sie sind auch der Grund dafür, dass er im Winter nie zufriert.

Und so unglaublich schön ist er, dieser Gebirgssee! Er liegt auf 916 Metern Höhe im Trettachtal und ist umgeben von den Gipfeln der Allgäuer Hochalpen. Sein Wasser schimmert je nach Lichteinfall und Jahreszeit in einem unwirklich intensiven Grün- oder Blauton, im Winter wirkt es dagegen fast schwarz. Ganz gleich, wie oft man ihn schon besucht hat, man muss einfach ans Ufer hinunter und seine transparente, zeitlose Schönheit bewundern.

Von Oberstdorf wandert man ungefähr eine Stunde bis zum See, man kann ihn aber auch erradeln. Unweit des Nordufers liegt das Café-Restaurant Christlessee mit einem hübschen Gastgarten. Oder man spaziert weiter in die Spielmannsau, zum gleichnamigen Gasthof. Auf dem Rückweg kann man ihn dann noch mal besuchen, den eiskalten Schönen, der das Herz höherschlagen lässt.

**TIPP**

Der Christlessee ist auch im Winter ein schönes Wanderziel, die Wege werden geräumt.

---

- Christlessee, 87561 Oberstdorf
- ÖPNV: Haltestelle Christlessee (nur im Sommer)

## 65 Claudias Zaubergärtchen-Café an der Iller

Der Name passt, denn das Gartencafé sieht wirklich aus wie ein zauberhaftes Feengärtchen direkt am Illerdamm: Unter einem grünen Laubdach und hinter einem luftigen Holzzaun laden farbige Wimpel freundlich zur Einkehr. Biergartentische und Bänke stehen da, Gartenliegen und Gartenstühle an kleinen Tischen, eine Bank unter einem hölzernen Schutzdach. Dazu kommen eine Bücherkiste mit Schmökermaterial, ein kleiner Sandkasten und ein Toilettenhäuschen. Alles wirkt ein bisschen zusammengewürfelt, aber höchst einladend. In einer Art Gartenhütte mit aufklappbarem Dach werkeln Claudia und ihr Mann; sie bereiten Kaffee in einer erstklassigen Maschine zu, schenken kalte Getränke aus und platzieren selbst gebackene Kuchen auf kleinen Tellern.

Der Radparkplatz und die vielen Zweiräder verraten, wie die meisten Gäste ins Zaubergärtchen kommen – zwar verläuft der „offizielle" Iller-Radweg auf der anderen, bayerischen Uferseite, aber auch auf der baden-württembergischen Seite führt ein Radweg am Flussufer entlang. Da man über Stauwehre, Rad- oder Fußgängerbrücken an mehreren Stellen über die Iller gelangen kann, radeln Gäste aus der näheren und weiteren Umgebung und aus allen Richtungen zu einer Kaffeepause herbei. Und das lohnt sich: Man sitzt so lauschig, die Atmosphäre ist so gelöst, die Verköstigung so gut, dass man gar nicht anders kann, als im gastfreundlichen Zaubergärtchen an der Iller einfach zu genießen und zu entspannen.

**TIPP**
Für Wanderer, Radler oder Reiter bietet Claudia auch eine Übernachtungsmöglichkeit.

Geöffnet ist das Café im Grünen nur bei schönem Wetter, jeweils nachmittags am Donnerstag, Freitag und Samstag. Manchmal gibt es im Zaubergärtchen auch Veranstaltungen, etwa Livemusik, einen literarischen Spaziergang oder einen Workshop, zum Beispiel im Sockenstricken, Seifesieden oder Wollespinnen. Das Veranstaltungsprogramm steht auf kleinen Tafeln auf den Tischen im Café und auf der Website.

- Claudias Zaubergärtchen-Café, An der Iller 20, 88319 Aitrach, Tel. (0 15 11) 56 21 17 04, www.claudias-zaubergaertchen.de
- ÖPNV: Haltestelle Mooshausen, ca. 1 Kilometer Fußweg

Claudias Zaubergärtchen
- Café -
Do, Fr und Sa
14 18 Uhr

# Seen-Doppelpack

## 66 Der Attlesee und der Kögelweiher bei Nesselwang

Manchmal sind aller guten Dinge zwei. Zwischen den Ostallgäuer Gemeinden Nesselwang und Eisenberg liegen nämlich gleich zwei hübsche kleine Badeseen im Abstand von nur 750 Metern in einem Naturschutzgebiet. Beide verbindet ihre ruhige Lage inmitten weitgehend ungestörter Natur – man kommt nur zu Fuß oder mit dem Rad zu den Badestellen – und das herrliche Bergpanorama mit Blick auf die Alpspitz, den Edelsberg und den Breitenberg. Die beiden Seen sind keine Geheimtipps, sondern bei Spaziergängern und Badefreunden beliebt. Dennoch sind sie im Sommer bei Weitem nicht so überlaufen wie die größeren und bekannteren Gewässer in der Region.

Verbunden sind sie durch ein Netz aus breiten und gut befestigten Wanderwegen, man kann daher Zwei-Seen-Rundwanderungen in mehreren Varianten machen. Alle sind weitgehend steigungsfrei und für Alt und Jung, Kinderwagen und Rollstühle gleichermaßen geeignet. Startpunkt zum Attlesee ist der Wanderparkplatz an der Rindegger Tanne. Am Kögelweiher-Südufer gibt es ebenfalls einen Wanderparkplatz und, etwas oberhalb, mit der Alpe Kögelhof noch eine empfehlenswerte Einkehrmöglichkeit. An der Rindegger Tanne beginnt auch der gut beschilderte Besinnungsweg GE(h)ZEITEN, der ebenfalls als Rundweg zwischen den beiden Seen angelegt ist und an sechs Stationen zu meditativen Pausen einlädt. Station Nummer 3 mit dem Thema „Zeit für andere" liegt direkt am Attlesee-Südufer. Das Nachdenken über das Leben, das Werden und Vergehen und den Umgang mit der kostbaren Lebenszeit fällt in dieser wunderbaren Umgebung leichter als anderswo. Ob die Natur nun ihr Frühlings- oder Herbstkleid angelegt hat, ob die Doppelpack-Seen zum Baden, Spazieren oder Meditieren einladen, immer schenken sie das Gefühl der Geborgenheit in der Natur und der Dankbarkeit für diese Schönheit.

TIPP

Weitere Infos zum Besinnungsweg gibt es unter www.nesselwang.de/gehzeiten-im-allgaeu.html.

- Attlesee, 87484 Nesselwang
- Kögelweiher, 87637 Eisenberg

# Schwankende Planken

## 67 Am Wertach-Hängesteg bei Görisried

Oh, die Holzplanken, die auf Querbalken zwischen Drahtseilen befestigt sind, knarzen und knacken ganz schön, wenn man über den Steg schreitet! Und die ganze freischwebende Konstruktion kommt ordentlich ins Schwingen und Schwanken – für manche ist es eine richtige Mutprobe, den Hängesteg zu überqueren. Für andere ist es hauptsächlich lustig. Für alle ist es ein bemerkenswertes Erlebnis, weswegen der Hängesteg keineswegs nur als Flussüberquerungshilfe für Wanderer dient, sondern zu einem eigenständigen Ausflugsziel geworden ist. Vor allem Familien kommen gerne zum Picknicken und Planschen her, wenn der Wasserstand der Wertach es erlaubt.

Eine hübsche kleine Wanderung führt von der Kapelle St. Ursula südlich von Görisried in etwa einer halben Stunde dorthin. Der Abstieg zum Flussufer erfolgt parallel zu einem ganz besonderen Wasserlauf: einer Kalktuffkaskade. Dort haben sich auf natürlichem Weg durch den Ausfall von Kalk aus dem Wasser über viele Jahrhunderte kleine Kalkterrassen gebildet. Das ist ein sehr seltenes Phänomen und sehr schön anzusehen. Wo das Wasser sich schließlich von den Kaskaden in die Wertach ergießt, beginnt der Hängesteg.

Es gibt ihn schon seit rund 100 Jahren, aber damals wurde er nicht als Ausflugsziel gebaut; er war auf einer längeren Strecke die einzige Möglichkeit, trockenen Fußes über den Fluss zu gelangen. In früheren Jahren gab es an dieser Stelle eine Furt, durch die Fuhrwerke und Wanderer bei Niedrigwasser ans andere Ufer fahren beziehungsweise waten konnten. Im Jahr 1900 baute man eine feste Holzbrücke, aber die wurde im Winter durch Eisschübe oder im Frühling durch Hochwasser immer wieder beschädigt. Daher ersetzte man die Brücke im Jahr 1920 schließlich durch den Hängesteg. Wer ihn betritt, wandert also auf den Spuren vieler Generationen vor ihm und wird ein Teil einer langen (Steg-)Geschichte. Ist das nicht ein schöner Gedanke?

TIPP

Für kleinere Kinder gibt es in Görisried den Naturerlebnispfad, der im Waldbachweg am Freibad beginnt.

- Hängesteg über die Wertach, Startpunkt der Wanderung an der Kapelle St. Ursula, Wildberger Straße 8, 87657 Görisried
- ÖPNV: Haltestelle Ortsmitte, ca. 1,4 Kilometer Fußweg

# Wasserflitzerwatching

68

## Im Café Inselsee bei Blaichach

Nein, mit Romantik hat dieses reine Outdoor-Café nebst Biergarten direkt am Wasser nichts zu tun. Aber mit sehr cooler Action. Der künstlich angelegte und in drei Wasserbecken unterteilte Inselsee an der Wertachbiegung bei Blaichach beherbergt nämlich eine Wasserski- und Wakeboardliftanlage. Und auf der geht es von Ostern bis zum Herbst so richtig ab: Kinder probieren hier das Wasserskifahren auf einer Übungsstrecke aus. Für erwachsene Anfänger gibt es Kurse am normalen Lift. Auf der Anlage sind aber auch erfahrene Wakeboarder und Spitzenkönner unterwegs, die filmreife Sprünge hinlegen. Mitunter sind es auch filmreife Stürze, aber zum Glück landet man ja immer im Wasser. Wer selbst nicht Wasserski fährt, aber auf dem Wasser aktiv sein mag, kann sich auch im Kletterpark Aqua Chimp neben der Liftanlage versuchen. Das ist wie ein Waldseilgarten, nur ohne Bäume und über dem See. Es gibt mehrere Kletterstrecken mit unterschiedlichen Schwierigkeitsgraden. Auch dabei gilt: Wer abstürzt, wird nass. Für Kinder ab 6 Jahren ist im benachbarten Inselseeabschnitt ein Aqua Park aufgebaut, der ebenfalls eine Menge Spaß auf dem und im Wasser verspricht. Zusätzlich gibt es neben dem Biergarten einen Spielplatz auf festem Boden. Für Familien wird ein Ausflug zum Inselsee also leicht eine Ganztagesbeschäftigung (Badesachen nicht vergessen!).

TIPP

Anfängerkurse finden fast jedes Wochenende statt, die Ausrüstung kann man vor Ort leihen.

Ach ja, Kaffee, guten Kuchen und kleine Gerichte wie Flammkuchen gibt es im Café Inselsee natürlich auch. Meistens ist aber das Geschehen auf dem Wasser so spannend, dass man hinterher gar nicht so genau sagen kann, was man gegessen hat. Schließlich sind von der Terrasse aus immer neue Starts, Flitzerunden und Sprünge zu sehen. Für die einen liegt das Glück im Wasserflitzen, für die anderen im Zuschauen – und jeder verlässt das Café erfrischt und zufrieden.

- Café Inselsee, Am Inselsee 2, 87544 Blaichach, Tel. (0 83 23) 9 89 69 10 www.inselsee-allgaeu.de
- ÖPNV: Bahnhof Blaichach (Allgäu), ca. 1,5 Kilometer Fußweg

# Pritschelspaß

69

## Der Wasserspielplatz an der Wertach in Kaufbeuren

Für das Kinderdraußenglück braucht es, zumindest bei den Jüngeren, nicht viel: einen autofreien Platz im Freien, wo man toben und auch mal laut sein darf. Dazu etwas Wasser und Matsch und vielleicht noch ein paar Spielgeräte. Das alles gibt es mitten in der Stadt Kaufbeuren am rechten Wertachufer. Entlang des Wertachwanderwegs wurde dort ein kleiner Naturerlebnispfad angelegt, mit Panoramaliegen und Sitzgelegenheiten für die Erwachsenen und einem Wasserspielplatz für kleinere Kinder.

Toll ist die Pumpe, mit der man kinderleicht Wasser in einen künstlich angelegten Minibachlauf pumpen kann. Wer fleißig pumpt, bekommt genug zusammen, um das Wasser von der Pumpe am Hang bis hinein in die Wertach laufen zu lassen. Jedenfalls, wenn in der Zwischenzeit nicht irgendein mitspielendes Kind noch schnell einen Damm baut und das Wasser staut. Die Wahrscheinlichkeit ist gar nicht so gering, denn im Sommer sind meist mehrere Familien am Spielplatz. Spannend, was man da alles machen und nebenher lernen kann. Dabei hilft auch eine Station, an der man Wasser durch unterschiedliche Bodenarten laufen lassen und vergleichen kann, wie viel langsamer es durch den „Stadtboden" tropft. Nicht nur das Wasser landet am Ende in der Wertach – das tun vermutlich auch die meisten Kinder (zumindest im Sommer), die zum Spielen herkommen. Eine Minibadebucht mit seichtem Wasser ermöglicht den intensiven Flusskontakt unter der wachsamen Aufsicht der Eltern. Für das vollkommene Kinderglück sollte man daher Badesachen oder Wechselkleidung, einen Eimer und vielleicht noch ein kleines Picknick mitnehmen. Wer ohne Kinder kommt, sucht sich einfach eine etwas weiter entfernte Panoramaliege aus und genießt das Flussauenidyll mit Wasserplätschern und Kinderlachen mitten in der Stadt.

TIPP

Im 10 Minuten entfernten Jordanpark gibt es einen großen Abenteuerspielplatz mit tollen Klettergeräten.

- Wasserspielplatz an der Wertach, zwischen der Ulrichs- und Crescentia Brücke (östlich der Hirschzeller Straße), 87600 Kaufbeuren
- ÖPNV: Bahnhof Kaufbeuren, ca. 1 Kilometer Fußweg

# Das Nostalgiebad

70

## Im Moorbad Oberstdorf

Ein Freibad, das man nur zu Fuß oder mit dem Rad erreichen kann. Noch dazu eines, das bald 100 Jahre alt ist und unter Denkmalschutz steht. Das gibt es sicher nicht allzu oft, aber in Oberstdorf! Im Jahr 1883 errichtete der Verschönerungsverein Oberstdorf eine Moorwasserbadeanstalt hinter einer Anhöhe südlich des Ortes, unweit der Trettach. Bereits damals hatte man die Sommerfrischler im Blick. 1929 wurde das Badegebäude abgerissen und durch einen neuen Holzbau ersetzt. Den damaligen gesellschaftlichen Konventionen entsprechend gab es sowohl für die Umkleiden als auch das Schwimmbecken eine strikte Trennung in einen Damen- und einen Herrenbereich. Durch das Wasser führte eine hohe Bretterwand, damit auch wirklich niemand unziemlich gucken konnte.

Diese Trennwand ist längst verschwunden, aber das historische Badegebäude samt den hölzernen Umkleidekabinen steht noch immer. Und noch immer ist das Becken von Mai bis Oktober mit bräunlichem und weichem Moorwasser gefüllt, das eine gesundheitsfördernde Wirkung haben soll: Stoffwechselanregend und entzündungshemmend soll das Wasser wirken, das aus dem nahen Moorweiher ins Bad geleitet wird und von dort in die Trettach. Durch den ständigen Zu- und Abfluss ist die Wasserqualität jederzeit gewährleistet.

TIPP

Das Café im Moorbad serviert in den Weihnachts- und Faschingsferien Glühwein, Punsch und Suppe.

Für Kinder und Nichtschwimmer gibt es einen flachen Bereich, in dem man spielen oder einfach entspannen kann. Entspannungsfördernd ist im Moorbad aber nicht nur das Wasser, sondern auch der herrliche Bergblick, den man rundum genießt. Die Ruhe, die durch die idyllische Lage inmitten der Natur gewährleistet ist. Der Kiosk mit seinen guten hausgemachten Kuchen. Der Schatten, den die alten Bäume spenden. Und überhaupt der nostalgisch-gemütliche Charme der gesamten Anlage – man fühlt sich bei einem Badetag im Moorbad Oberstdorf ein bisschen wie aus der Zeit gefallen. Ganz wunderbar.

● Moorbad Oberstdorf, Am Rauhen 3, 87561 Oberstdorf
www.oberstdorf.de/sommer/freizeittipps/moorbad-oberstdorf.html
● ÖPNV: Haltestelle Loretto, ca. 750 Meter Fußweg

# Der Verträumte

## 71 Der Schwansee in Hohenschwangau

Den Alpsee in Hohenschwangau kennen die meisten Menschen, die schon einmal Schloss Neuschwanstein besucht haben. Der viel kleinere Schwansee liegt nur 400 Meter entfernt und wird doch von den meisten Besuchern gar nicht wahrgenommen. Auch zum Baden kommen hier nur vergleichsweise wenige Menschen her, obwohl es extra einen Badesteg gibt. Vielleicht ist das auch gut so, denn angesichts der Besuchermassen in Hohenschwangau wäre es sonst bald vorbei mit der verträumten Stimmung am dicht bewachsenen Schwanseeufer und überhaupt im Schwanseepark.

Denn als solcher wurde das Gelände in den 1840er-Jahren angelegt. Und zwar im Auftrag des bayerischen Königs Maximilian II., der eine alte Burg zum Schloss Hohenschwangau umgebaut hatte, das er mit seiner Familie als Sommerresidenz nutzte. Verständlicherweise war er der Meinung, dass zu einem königlichen Schloss auch ein Park gehört. Wie es damals Mode war, wurde dieser im Stil eines englischen Landschaftsparks gestaltet. Die königliche Pferderennbahn, der Springplatz und die Teeterrasse der Königin Marie sind heute ebenso verschwunden wie einige der Wege, aber ein wenig verwunschene Parkatmosphäre herrscht doch noch um das kleine Gewässer, an das man nur zu Fuß gelangt. Was Maximilian noch nicht wissen konnte: Sein Sohn Ludwig II. ließ später gegenüber von Schloss Hohenschwangau ein noch viel größeres und prächtigeres Schloss errichten, das heute weltweit bekannt ist. Vom Schwansee aus hat man einen herausragend schönen Blick auf Schloss Neuschwanstein, das sich zusätzlich stolz im kleinen Gewässer spiegelt. Doch der Besuch lohnt sich keineswegs nur bei strahlendem Sonnenschein. Im Gegenteil: Gerade an regnerischen Tagen, wenn der Tegelberg sich in Wolken hüllt und das berühmte Schloss nur blass im Wasserspiegel erscheint, ist die Atmosphäre im Schwanseepark so bezaubernd wie geheimnisvoll.

**TIPP**
Im Winter wird der Schwansee zum beliebten Ziel für Schlittschuhläufer und Eishockeyspieler.

- Schwansee, Zugang über das Königssträßchen, 87645 Schwangau
- ÖPNV: Haltestelle Alterschrofen Rohrachweg, ca. 900 Meter Fußweg

# F(r)isch von der Quelle

72

## Das Gasthaus zum Hack in Gennachhausen

An Fischlokale denkt man ja eher nicht, wenn man typische Allgäuer Küche genießen möchte, da fallen einem eher Kässpatzen oder andere deftige Speisen ein. Dabei haben Fischteiche in der Region eine teilweise jahrhundertelange Tradition, zum Beispiel als Fastenspeisenreservoir für Klöster. Auch wo Mühlen oder Hammerschmieden mit Wasserkraft betrieben wurden, legte man zusätzlich zum Mühlkanal gerne noch Fischteiche an.

So auch in der Hammerschmiede bei Gennachhausen. Unweit der Schmiede entspringt der kleine Rollbach, der ein Stück hangabwärts in die Gennach mündet. Er trieb die Schmiedehämmer an und füllte nebenher mit seinem klaren Quellwasser mehrere kleine Fischteiche. Als die Schmiede geschlossen wurde, eröffnete im Hauptgebäude eine Gastwirtschaft. Da die Besitzerfamilie Hack hieß, wurde das Gasthaus nach ihnen benannt. Der Fischteich nahe dem Haus fiel irgendwann trocken, aber dann übernahmen neue Pächter das Gasthaus, nahmen ihn wieder in Betrieb und besetzten ihn mit Saiblingen. Seitdem ist dieser Fisch die Spezialität des Hauses, wegen der Gäste aus dem weiten Umkreis „zum Hack" fahren. Wenn das Gasthaus geöffnet hat, werden morgens die Fische aus dem Quellteich geholt, um noch am selben Tag serviert zu werden. Frischer geht es nicht!

TIPP

Im Gennachhauser Moos unterhalb der Hammerschmiede kann man prima wandern und radeln.

Saibling gebraten mit Dillbutter und Salzkartoffeln, Saibling paniert mit Kartoffelsalat, Saibling nach Müllerin Art oder auch geräuchert auf Salat oder mit Brot – alle Varianten schmecken prima und werden zu moderaten Preisen angeboten. Der Service ist aufmerksam und freundlich. Man sitzt gemütlich hinter bunten Blumenarrangements und unter Weinreben auf der Terrasse, unter alten Bäumen im Biergarten oder drinnen in der holzgetäfelten Stube. Ein glückverheißendes Ziel für Feinschmecker und alle, die gerne mal guten Allgäuer Fisch essen wollen.

● Gasthaus zum Hack, Hammerschmiede 2, 87677 Stöttwang, Tel. (0 83 45) 2 43
www.gasthaus-zum-hack.de

# Im Ornithologenhimmel

## 73 Die Vogelbeobachtungsstation Lautrach

Manchmal schaffen menschliche Eingriffe in die Natur ganz neue Lebensräume. So wie am Kardorfer Stausee, der durch das Stauwehr am Kraftwerk Lautrach geschaffen wurde. Der See wurde im Jahr 1948 erstmals geflutet. Das Wehr diente damals wie heute zur Stromproduktion und zum Hochwasserschutz. In den folgenden Jahrzehnten hat sich der See zu einem Erholungsraum für die Bewohner der Dörfer im Illerwinkel und zu einem wahren Vogelparadies gemausert. Zum einen, weil durch die landwirtschaftlich genutzten Wiesen rundum die Nahrungsgrundlage sehr gut ist. Zum anderen haben sich im Lauf der Zeit kleine Inseln gebildet, die für einige Vogelarten als Schlaf-, Brut- und Mauserplatz wichtig sind.

Wo so viele Vögel glücklich sind, sind es auch Naturliebhaber und Hobbyornithologen – für sie wurde eigens eine Vogelbeobachtungsstation am südwestlichen Uferzipfel eingerichtet. Im Holzpavillon mit seinen Panoramafenstern treffen sich Naturbeobachter mit Ferngläsern und Fotografen mit Stativ und Teleobjektiv, die das Vogelleben beobachten, fotografieren und kommentieren.

Es gibt aber auch immer etwas zu sehen: Im Frühjahr brüten hier unter anderem Mittelmeermöwen, Eisvögel, Schwarzmilane und diverse Entenarten. Als Zugvögel machen Flussseeschwalben, Flussregenpfeifer und Grünschenkel Station. Einige Entenarten überwintern auch auf dem Kardorfer Stausee. Besonders stolz ist man auf die über 200 Exemplare des Großen Brachvogels, die man auf dem Illerstausee gezählt hat. Das sind immerhin mehr als auf dem Bodensee oder Chiemsee. In ganz Bayern gibt es weniger als 500 Brutpaare des größten Watvogels Europas, der als vom Aussterben bedroht gilt. Für Nichtkenner sind die gefiederten Stauseebewohner an einer Tafel an der Pavillonwand abgebildet und benannt. Man kann also auch als Laie mit seinem Fernglas kommen, Vögel erspähen und identifizieren und ihr Treiben beobachten. Ganz von selbst verschwinden dabei Stress und Hektik und machen Platz für Ruhe und Entspannung.

TIPP

Frühmorgens hat man den Pavillon meist für sich allein – der Vogelgesang ist dann oft besonders intensiv.

● Vogelbeobachtungsstation Lautrach, Am Stausee 38, 87763 Lautrach

# Märchenhaft dramatisch

## 74 Am Niedersonthofener Wasserfall

Manchmal ist ja der Weg das Ziel, aber noch schöner ist es, wenn sowohl der Weg als auch das Ziel begeisternd und inspirierend sind. So ist es zum Beispiel, wenn man sich auf den Weg zum Niedersonthofener Wasserfall macht. Der ist zwar nicht so bekannt wie andere, gehört aber zu den sehenswertesten Wasserfällen der Region. Auch deswegen, weil er ein bisschen versteckt, dafür aber wild und ursprünglich mitten im Wald liegt. Man erreicht ihn über einen rund 2 Kilometer langen Weg, der am südwestlichen Ortsrand von Niedersonthofen als Falltobelweg ausgeschildert ist. Er führt anfangs kurz am Bach entlang, steigt dann aber an und führt über Wurzeln und Steine an einer Seitenwand des Tobels entlang, bevor er wieder absteigt, um dann den wilden Bachlauf über schmale Stege zu queren.

TIPP

Im Sommer bietet sich eine Badepause am Niedersonthofener See an (Glücksort 54).

Es ist ein richtiger Abenteuerpfad, der manchmal auch steil und rutschig ist, aber dafür immer Lust aufs Weiterwandern und -entdecken macht. Gegen Ende des Tobels gelangt man an einen ersten kleinen Wasserfall, eher eine steinerne Wasserrutsche, unter der sich eine hübsche kleine Gumpe gebildet hat. Gefüllt ist sie mit Wasser in einem fast unwirklich anmutenden Blauton. Unterhalb lädt eine Kiesbank im Bachbett zu einer Picknick- oder Erfrischungspause ein. Der eigentliche Niedersonthofener Wasserfall liegt eine Kurve weiter: Über mehr als 12 Meter stürzt der Bergbach eine fast senkrechte Felswand herunter, zerstäubt in Mikrotröpfchen, füllt die Ohren mit seinem Rauschen und die Atemluft mit erfrischender Kühle. Wie großzügig die Natur uns mit ihren Wundern beschenkt und wie gut es tut, diese mit allen Sinnen zu genießen!

Man kann nach dem belebenden Aufenthalt am Wasserfall denselben Weg zurückwandern oder die Brücke über den unteren Fall überqueren und den Ausflug zu einer Rundwanderung über den Weiler Gopprechts erweitern.

- Niedersonthofener Wasserfall, Ausgangspunkt der Wanderung an der Mühlenbergstraße 77, 87448 Waltenhofen
- ÖPNV: Haltestelle Kirchplatz, ca. 1,3 Kilometer Fußweg

# Das Gasthausmühlenbad

75

## Gasthof und Bad Gfällmühle in Ebersbach

„Gfällmühle – Nr. 111, 1538 erworben von den Rittern von Werdenstein zu Ebersbach", so steht es an einer Tafel an der Hausecke. Tatsächlich ist die Mühle wohl noch älter, die erste schriftliche Erwähnung stammt aus dem Jahr 1405. Und noch heute dreht sich das Mühlrad am kleinen Mühlbach in der tiefen Senke nahe dem Dorf Ebersbach – was für eine erstaunliche Kontinuität!

Freilich ist die Zeit nicht stehen geblieben: Das Mühlrad hat nur noch dekorative Zwecke, die Mühle gehört nicht mehr den Rittern von Werdenstein, sondern der Familie Wölfle, die einen Gasthof mit Pension in dem altehrwürdigen Gebäude betreibt. Die Zimmer sind freundlich und modern eingerichtet, die Gaststube ist gemütlich, das Essen gut und der Service familiär. Den einzigartigen Charme dieses Gasthofs macht aber das kleine Freibad mit Liegewiese und Spielplatz aus, das vor dem Wintergarten und der Terrasse liegt. Gefüllt ist das Becken, das in drei unterschiedlich tiefe Bereiche unterteilt ist, mit kühlem Bachwasser.

TIPP

Eine Spezialität im Gasthof Gfällmühle sind frische Forellen aus einer nahen Fischzucht.

Das Sebastiansbad wurde 1958 von den Ebersbachern selbst gebaut. Es ist damit zwar deutlich jünger als die Mühle, aber auch ein Beispiel für enorme Kontinuität, nämlich im ehrenamtlichen Engagement. Unterhalten und gereinigt wird es seit jeher vom TSV Ebersbach, der diese Arbeiten gratis durchführt (Spenden sind aber willkommen). Für den sicheren Betrieb sorgt auch die Wasserwacht mit Ehrenamtlichen. Und so mischen sich im Sommer Pensionsgäste zum Baden unter die Einheimischen und Badegäste zum Essen oder zum Kaffee unter die Gasthofgäste. Die Mühle am rauschenden Bach klappert nicht mehr, aber sie ist von Leben erfüllt, ein Treffpunkt von Auswärtigen und Einheimischen, Alten und Jungen. Das Bad ist weder aufregend noch mondän, aber es ist ein Ort der Lebensfreude und der entspannten Draußenzeit. Einfach und schön.

● Gasthof und Bad Gfällmühle, Gfällmühle 1, 87634 Obergünzburg, Tel. (0 83 72) 22 67, www.gfaellmuehle.de

# Sunset-Logenplatz

## 76 Der Badesteg am Großen Alpsee bei Immenstadt

Eigentlich ist der Große Alpsee ein einziger großer Glücksort, eine blaue Verheißung zwischen der Nagelfluhkette im Süden und dem Höhenzug zwischen Zaumberg und Thaler Höhe im Norden. Im sauberen, kühlen Wasser kann man von mehreren Stellen aus baden. Auf dem See finden auch Wassersportler ihr Glück, ob sie nun segeln, surfen, rudern oder paddeln, auf der Luftmatratze treiben oder auf dem SUP dahingleiten.

Am Ostufer in Bühl herrscht im Sommer lebhaftes Treiben mit südländischem Flair: Tretboote und Surfer teilen sich den kleinen Hafen mit einem historischen Lastensegler, der Alpsee-Lädine. Am Ufer und auf dem Badesteg sitzen Sonnenanbeter, auf der Promenade flanieren Spaziergänger, die im Eiscafé Venetia oder am Kässpatzenwagen Stärkungspausen einlegen. Im Winter ist es ruhiger, aber an sonnigen Tagen sind ebenfalls viele Spaziergänger unterwegs, um den Seeblick zu genießen. Der Badesteg wird dann eher zum Aussichtssteg, von dem aus man den See, die Berge und die farbigen Bootshäuschen ausgiebig bewundern kann.

Aber egal ob Sommer oder Winter: Am schönsten ist es auf dem Badesteg in Bühl am Großen Alpsee zum Sonnenuntergang. Die muntere Atmosphäre weicht dann einer kontemplativen Stille. Die Sonne zaubert gleißende Lichtreflexe auf das Wasser und verwandelt den See in eine Naturbühne zwischen den Bergen, auf der das Spektakel des Sonnenuntergangs in aller Pracht aufgeführt wird. Die Schatten werden immer länger, die Farben intensiver. Man möchte am liebsten die Zeit anhalten, schauen und staunen.

Das Gleißen lässt schließlich nach, die feurige Kugel verschwindet hinter einem Höhenzug. Ein wenig Licht bleibt zunächst noch und zeichnet Schatten und Spiegelungen aufs Wasser. Dann wird es blass und kühl und schließlich vom dunklen Vorhang der Nacht ausgelöscht. In der Seele des Betrachters leuchtet es weiter.

TIPP

Den Sonnenuntergang im Sommer in der Beach Bar am Großen Alpsee genießen (Glücksort 59).

- Badesteg am Großen Alpsee, Seestraße 13, 87509 Immenstadt
- ÖPNV: Haltestelle Bühl Großer Alpsee

# Die Flussblickbank

77

## An der Illerschleife bei Bad Grönenbach

Die Iller ist in ihrem mittleren und unteren Lauf stark von menschlichen Einflüssen geprägt, zwischen etlichen Wehren aufgestaut und über weite Strecken begradigt. Im FFH-Schutzgebiet „Illerdurchbruch zwischen Lautrach und Reicholzried" ist das anders: Dort sind die Hangkanten und Abbrüche so hoch und steil, dass man am Wasserlauf nicht viel ändern konnte und er wie eh und je in weiten und engen Schleifen mäandert. Die Illerschleife bei Bad Grönenbach liegt kurz vor der Staustufe Legau. Dort fällt der Uferhang fast senkrecht über eine Höhe von 150 Metern zum Fluss ab. Der Hang- und Auwald ist noch sehr ursprünglich, es wachsen Rotbuche, Bergahorn, Esche und Wildkirsche. Im Frühling breiten sich Märzenbecher und Buschwindröschen wie weiße Teppiche auf dem Waldboden aus.

TIPP

Das Schönauer Bänkle am Waldrand ist ein weiterer Ruheplatz, der die Illerschleife genau im Blick hat.

Die Iller unten fließt träge und breit dahin, Inseln und Flachwasserzonen haben sich in ihrem Bett gebildet, ein breiter Röhrichtgürtel fasst sie nach Süden hin ein. Ideale Bedingungen für Schwäne und Enten, Eisvögel und Uhus und auch für Biber, die ihren Teil zur Flussauengestaltung beitragen.

Diese weitgehend ursprüngliche Naturlandschaft lässt sich über den beschilderten Rundweg Illerschleife erkunden, der im Weiler Rothenstein beginnt. Von dort spaziert man ein paar Minuten zum Naturfreundehaus (Rechberghaus) und biegt dann, den Wegweisern folgend, nach links ab, um an der oberen Hangkante entlangzuwandern. Der Hangwald ist so dicht, dass man vom Fluss kaum etwas sieht – bis auf die Stelle, an der die hölzerne Panoramabank steht. Von dort hat man freien Blick auf die Iller und die gegenüberliegende Hangkante. Und man hört die Rufe der Enten und anderen Wasservögel, die ungestört ihren Wasservogeltätigkeiten nachgehen. Was für ein friedliches Plätzchen. Eine Pause auf der Flussblickbank ist eine schöne Einstimmung auf die weitere Wanderung oder einfach eine Auszeit, in der man zur Ruhe kommen und neue Energie tanken kann.

● Bank an der Illerschleife, südwestlich vom Naturfreundehaus (Rechberghaus) am Rechberg 2, 87730 Bad Grönenbach

# Entschleunigung pur

## 78 Der Freibergsee bei Oberstdorf

Rein ins Boot, raus auf den See! Schlag für Schlag ein bisschen weiter weg aus dem Alltag, rein in die Ruhe. Nach ein paar kräftigen Zügen wird der Takt wie von selbst langsamer, beginnt der Entschleunigungszauber zu wirken. Wie klar das Wasser ist, wie schön es grünlich oder bläulich – je nach Wetterlage – schimmert, wie hübsch sich die weißen Wattewölkchen darin spiegeln. Der Bergwald am Söllereck umschließt den See wie eine schützende Hülle und betrachtet sich darin wie in einem Riesenspiegel. Das malerische Bootshaus am Ostufer gehört aus gutem Grund zu den am häufigsten fotografierten Motiven der Region. Überragt werden See, Wald und Bootshaus aber vom Schanzenturm der Heini-Klopfer-Skiflugschanze, der sich wie ein eleganter grauroter Drache vom Himmel abhebt.

**TIPP**
Ob und wann das Restaurant und damit der Bootsverleih geöffnet ist, steht täglich auf der Website.

Bei einer Ruderpartie über den Freibergsee fühlt man sich, als würde man durch ein wunderschönes Landschaftsgemälde treiben, und ertappt sich dabei, die Ruder sinken zu lassen, um es intensiver zu genießen. Wenn es ein Geheimrezept für Entschleunigung gibt, dann ist es eine Bootstour in einer solchen Umgebung.

Der See selbst ist freilich kein Geheimtipp, sondern im Sommer ein beliebter Badeplatz und ganzjährig ein Wanderhighlight. Da er nur zu Fuß oder mit dem Rad zu erreichen ist, hält sich der Rummel aber meist in Grenzen. Am Nordufer liegen das Naturbad Freibergsee mit Liegewiese und das Restaurant mit großer Terrasse und Biergarten. Dort kann man auch außerhalb der Badesaison Ruder- und Tretboote leihen. Obwohl der Bergsee auf 930 Metern Höhe liegt und bis zu 25 Meter tief ist, erwärmt sich das Wasser im Sommer auf badefreundliche Temperaturen. Besonders schön anzusehen ist er aber im Herbst, wenn sich der umgebende Wald zwischen dem Fichtendunkelgrün mit leuchtendem Gelborange schmückt und neue Farbakzente in den Seenspiegel setzt.

- Freibergsee mit Naturbad, Freibergsee 2, 87561 Oberstdorf, Tel. (0 83 22) 6 06 94 95, www.naturbad-freibergsee.de
- ÖPNV: Haltestelle Renksteg, ca. 1,3 Kilometer Fußweg

# Das Seelenbaumelcafé

79

## Die Kaffeerösterei Simon in Memmingen

Allein der Duft ist so verlockend, dass man an dieser Tür am Bach nicht einfach vorbeigehen kann: Der frisch gemahlene und aufgebrühte Kaffee aus der hauseigenen Rösterei erfüllt die Luft mit köstlichen Röstaromen. Wer seiner Nase ins kleine Café folgt, kann aus verschiedenen Kaffeesorten und -getränken wählen, die alle wahre Nasen- und Gaumenschmeichler sind.

Am schönsten ist der Stärkungsstopp aber, wenn das Wetter freundlich genug ist, um draußen sitzen zu können. Ein paar kleine Tische reihen sich an beiden Ufern entlang des Stadtbachs auf. Die hübschen Häuserfassaden spiegeln sich im Wasser, Passanten bummeln vorüber, im Asia-Imbiss gegenüber wird gegessen und geplaudert. Die Atmosphäre ist heiter und entspannt, das Wasser glitzert freundlich und der Kaffee schmeckt so italienisch gut – da kommen Urlaubsgefühle auf und die Seele beginnt erfreut zu baumeln.

Der Stadtbach, die Memminger Ach, verläuft freilich nicht wie ein natürlicher Wasserlauf durch die Altstadt, sondern schnurgerade und ordentlich als steingefasster Kanal. Und das schon seit dem Mittelalter, als man die Bäche aus dem damals sehr großflächigen Benninger Ried bündelte und durch die Stadt leitete. Das diente zum einen der Wasserversorgung, vor allem aber auch der Müllentsorgung für Privathaushalte und Handwerksbetriebe. Da auch die Gerber und Metzger ihre Abfälle in den Stadtbach warfen, muss er damals recht übel gerochen haben. Damit er nicht verstopfte, ließ man einmal im Jahr das Wasser ab und entfernte den liegen gebliebenen Unrat aus dem Bach-/Kanalbett. Zuvor durften die Handwerksgesellen der verschiedenen Zünfte den Bach leerfischen. Das ist der Ursprung des Fischertags, der noch als großes historisches Fest in Memmingen gefeiert wird. Wie gut, dass es heute keine üblen Gerüche mehr am Bach gibt, dafür aber Kaffeeduft und Mußezeit …

TIPP

Wer dem Lauf des Stadtbachs nach Norden folgt, gelangt in den Stadtpark Neue Welt (Glücksort 38).

- Kaffeerösterei Simon, Untere Bachgasse 11, 87700 Memmingen, Tel. (0 83 31) 6 40 41 48, www.kaffee-simon.de
- ÖPNV: Bahnhof Memmingen, ca. 800 Meter Fußweg

# Der Picknicksee

80

## Am Höfersee im Tannheimer Tal

Ein kleiner Bergsee mitten im Wald, an seinem Ufer lauschige Bänke und moosbewachsene Baumstümpfe. Im fast unbewegten, geheimnisvoll grünen Wasser spiegeln sich Baumwipfel, kleine weiße Wölkchen am blauen Himmel und ein paar Pferde, die an einer Uferweide grasen. Zu hören sind nur ein paar friedlich bimmelnde Jungrinder in der Umgebung. Das ist der wenig bekannte Höfersee an der Nordflanke der Rohnenspitze im Tannheimer Tal.

Einen idyllischeren Platz für ein Picknick im Grünen kann man sich kaum ausdenken. Es gibt rund ums Ufer außer den Ruhebänken genügend geeignete Plätzchen, auf denen man seine Picknickdecke ausbreiten kann. Dann kann man eine gemütliche Brotzeit machen, sich an der grünen Natur erfreuen und den grauen Alltag weit hinter sich lassen. Gelegentlich sucht sich ein Wanderer oder ein Radlerpaar in höflicher Entfernung ein Plätzchen zum Ausruhen, manchmal watschelt eine hoffnungsfrohe Ente herbei, um ein paar Krümel zu erhaschen, oder man muss ein paar vorwitzige Ameisen verscheuchen. Ansonsten herrscht Ruhe, himmlische Ruhe am kleinen Bergsee. Einer ausgiebigen Nachpicknick-Siesta steht nichts im Wege.

Der kürzeste Weg führt in etwa 20 Gehminuten vom Tannheimer Ortsteil Kienzen zum Höfersee, wenn man den Wegweisern zur Rohnenspitze nachgeht. Man kann den Picknicksee aber auch in etwa einer Dreiviertelstunde vom Parkplatz an den Rohnenliften erreichen (etwa 150 Höhenmeter) und die kleine Tour zu einer Rundwanderung ausbauen, wenn man für den Rückweg erst ostwärts weiterwandert und dann hinunter zum Flüsschen Vils und über den Greither Weiher mit seiner Fischerhütte (Glücksort 33) zurück zum Parkplatz. Der breite Forstweg unterhalb des Höfersees lässt sich auch prima mit dem E-Bike erradeln und zu beliebig langen Touren im Tannheimer Tal kombinieren.

**TIPP**

Den Abfallbeutel nicht vergessen, um alle Reste und Verpackungen problemlos mitnehmen zu können.

- Höfersee, 6675 Tannheim (Österreich)
- ÖPNV: Haltestelle Neu Kienzen, ca. 1,4 Kilometer Fußweg

ELHAFERL

**Bibliografische Informationen der Deutschen Nationalbibliothek**
Die Deutsche Nationalbibliothek verzeichnet diese Publikation in der Deutschen Nationalbibliografie; detaillierte bibliografische Daten sind im Internet über http://dnb.d-nb.de abrufbar.


**Konzeption/Satz:** Droste Verlag, Düsseldorf
**Einbandgestaltung und Illustrationen:** Britta Rungwerth, Düsseldorf, unter Verwendung von Bildern von © Fotolia.com: jd – photodesign.de; © iStock: Plociennik Robert
**Fotos: Barbara Kettl-Römer**
**Textlektorat:** Sandra Bollenbacher, Heidelberg

FSC
www.fsc.org
MIX
Papier | Fördert gute Waldnutzung
FSC® C011279

**Druck und Bindung:** LUC GmbH, Greven
**ISBN 978-3-7700-2490-2**

**www.droste-verlag.de**